Die Bagda

Paul Rohrbach

Alpha Editions

This edition published in 2022

ISBN : 9789356788817

Design and Setting By
Alpha Editions
www.alphaedis.com
Email - info@alphaedis.com

Contents

Vorwort.

Die erste Auflage dieses Schriftchens erschien im Jahre 1902 als Frucht zweier in den Jahren 1898 und 1900/01 unternommener Reisen nach dem Orient, die zusammen mehr als ein volles Jahr beansprucht hatten. Längere Studien über die politisch-geographischen Verhältnisse, über die gegenwärtige Wirtschaftslage und über die alte Kultur der Länder zwischen dem Mittelmeer und dem Persischen Golf waren vorangegangen und folgten. Seitdem habe ich noch zweimal, zuletzt 1909, die Gebiete besucht, die von der anatolischen Bahn, von der Anfangsstrecke der eigentlichen Bagdadbahn und von der Trace des jetzt in Angriff genommenen neuen Bauabschnitts durchzogen werden. Die große Mehrzahl der Orte und Gegenden, durch welche die zukünftige Weltverkehrslinie laufen wird, habe ich also selbst gesehen; manche Stücke, namentlich die wichtigeren, sind auf verschiedenen Routen zwei- bis dreimal von mir zurückgelegt worden. Der Verlauf und die wichtigsten Beobachtungen der Reise von 1900/01 wurden in einer Reihe von Berichten in den »Preußischen Jahrbüchern«, April bis November 1901, ausführlicher geschildert. Das meiste davon ist hernach in Sonderausgabe erschienen, unter dem Titel: »Um Bagdad und Babylon. Vom Schauplatz deutscher Arbeit und Zukunft im Orient.« (Hermann Paetel, Berlin, 1909.) Auf diese Veröffentlichungen bitte ich alle diejenigen Leser verweisen zu dürfen, die, über das eigentliche Thema von der Bagdadbahn hinaus, Näheres und auf eigener Anschauung Beruhendes von Land, Leuten und Zuständen im Bereich des zukünftigen Bahngebietes erfahren wollen, soweit nicht durch andere Beschreibungen dafür gesorgt ist.

Jahrelang hat es geschienen, als ob der große Plan in ein bedenkliches Stocken gekommen sei. Jetzt endlich hat der Weiterbau energisch begonnen und die Gesamtheit der mit ihm zusammenhängenden Fragen bewegt wiederum in einer Weise wie nie vorher das politische und wirtschaftliche Interesse, nicht nur in Deutschland und der Türkei, sondern auch in England, Rußland, Frankreich, Persien und anderen Ländern. Was vor einem oder vor zwei Jahrzehnten nur dem tiefer blickenden und besser orientierten Politiker deutlich war: daß die Bagdadbahnfrage aufs engste mit Problemen verknüpft ist, die das Lebensinteresse großer Nationen und Reiche stark bewegen – das fängt heutzutage an Gemeingut des öffentlichen Urteils zu werden. Um so notwendiger erscheint es, die einzelnen Faktoren, die hier in Frage kommen, so objektiv wie möglich zu untersuchen und zur Darstellung zu bringen.

Erstes Kapitel.
Politische Gesichtspunkte.

Jedermann, der die Sache der Bagdadbahn absichtlich schädigen will oder unabsichtlich dafür wirkt, sie zu diskreditieren, bringt sie in Verbindung mit dem Gedanken deutscher »Kolonisation« in Kleinasien, Mesopotamien usw. Vor 50 Jahren hat ein deutscher Reisender in Anatolien, Ludwig Ross, Professor aus Halle, zum erstenmal den Gedanken ausgesprochen, daß Kleinasien ein zukünftiges Kolonisationsland für das Deutschtum sei. Mehr als ein Menschenalter hat diese Idee dann ein ziemlich beschauliches Dasein geführt, bis sie vor etwas über zwei Jahrzehnten wieder ausgegraben und, seit sich engere politische Beziehungen zwischen Deutschland und der Türkei knüpften, von den verschiedensten Seiten neu aufs Tapet gebracht wurde. Schließlich verging kein Jahr, ohne daß Leute, die oft nicht einmal in Kleinasien gewesen waren, in Wort und Schrift die Vorzüglichkeit des dortigen Bodens und Klimas priesen und die Verhältnisse so darstellten, als ob das Land nur auf eine deutsche Masseneinwanderung warte, und trotz des kurzen Zeitraums, über den sich das deutsche Orientinteresse einstweilen erst erstreckt, war es noch vor kurzem fast unmöglich, ein Wort zur Sache zu äußern, das einem nicht schon förmlich im Munde zugunsten des Kolonisationsgedankens umgedreht wurde, auch wenn man mit aller Deutlichkeit und Ausführlichkeit das Gegenteil gesagt hatte.

So viel ist sicher: wenn die Türken es auch nur von ferne für möglich halten, daß hinter unseren Bemühungen um ein gutes Verhältnis zu ihnen die Idee stecke, Zehntausende oder gar Hunderttausende unserer Bauern auf osmanisches Territorium übersiedeln zu lassen, so wäre es von dem Augenblick mit all unserer Politik im Orient auf lange hinaus zu Ende, ganz besonders, wenn dabei von Kleinasien die Rede ist. Freilich ist auch dieser Begriff Kleinasien in der Vorstellung des deutschen Publikums etwas so Schwankendes und Unbestimmtes, daß es schwer hält, für die Erörterung der darauf bezüglichen Probleme die geographische Grundlage herzustellen. Man begegnet in unseren ersten Zeitungen Berichten und Darstellungen, die das Land zwischen dem oberen Euphrat und Tigris, ja sogar die unteren Stromgebiete nahe dem persischen Golf, endlich auch syrische Landschaften, ganz harmlos auch als Kleinasien bezeichnen. Demgegenüber mag hier, so selbstverständlich es vorkommen will, ausdrücklich betont werden, daß unter Kleinasien oder Anatolien nur die eigentliche Halbinsel westlich einer Linie, die von Trapezunt am Schwarzen Meer nach dem Golf von Issos oder Alexandretta verläuft, zu verstehen ist; daß östlich dieser Grenzlinien Armenien und Kurdistan liegen und südlich von diesen beiden das ebene Stromland des Euphrat und Tigris: in seiner nördlichen Hälfte herkömmlich Mesopotamien genannt, in seiner unteren Babylonien oder das

»arabische« Irak; das ganze Küstenland dagegen vom Golf von Alexandretta bis zur Grenze Ägyptens fassen wir heute wie vor alters unter dem Namen Syrien zusammen.

Auf diesem ganzen weiten Gebiet muß man zwischen der anatolischen Halbinsel und den übrigen Ländern insofern eine sehr starke Scheidung machen, als jene von osmanischer Bevölkerung in ziemlich kompakter Masse besiedelt ist, diese aber von dem osmanischen Türkentum nach Rasse und Sprache getrennt sind. Das kurdisch-armenische Hoch- und Gebirgsland käme schon wegen seiner schwierigen Bodenbeschaffenheit für europäische Besiedelung nicht in Betracht. Es verbleiben also das *arabische* Sprachgebiet, d. h. Syrien, Mesopotamien und Babylonien, und das *türkische*, d. h. Anatolien. Dieses letztere beherbergt etwa 6 Millionen Osmanen, die zum größeren Teil als Bauern auf dem platten Lande, zum kleineren als Gewerbetreibende in den Städten leben. Es ist der nationale und materielle Kern des türkischen Reiches, die einzig zuverlässige Basis seiner politischen und militärischen Existenz. Eine sehr bedeutende und der Türkei sehr wohlwollende Autorität hat daher einmal den Türken den Rat gegeben, sie möchten allmählich, je eher desto lieber, ihren ganzen »überseeischen« Besitz, d. h. alle schlecht an Anatolien angegliederte Reichsteile, abstoßen. Gerade auf diese Weise würde es der Türkei möglich sein, eine feste und stabile Weiterexistenz inmitten des europäischen und orientalischen Staatensystems zu führen, während die Aufgabe, wesentlich mit den Kräften, d. h. mit dem Menschenmaterial Anatoliens, das ganze über drei Erdteile ausgedehnte Reich zu verteidigen, leicht eine auf die Dauer verhängnisvolle Überanstrengung jenes einen tragenden Teils herbeiführen könnte. Allerdings ist zu sagen, daß es auf jeden Fall unnütz sei, solche Gedanken zu diskutieren, weil sich doch keine türkische Regierung finden wird, die von der Notwendigkeit einer derartigen Selbstamputation überzeugt werden könnte. Unter dem alten Regime wäre daher die Katastrophe auch über kurz oder lang eingetreten, weil nicht nur die Überlastung des osmanischen Elements zu groß war, sondern außerdem noch die Kräfte des Staates teils sinnlos unterbunden, teils frivol verschleudert wurden. Das neue Regime hat auch in dieser Beziehung seine Einsicht bewiesen, indem es sich zu dem Versuch entschloß, auch die Christen zum Militärdienst heranzuziehen. Ich habe über diese allerdings sehr schwierige Frage mit führenden militärischen Persönlichkeiten der neuen Türkei eine Unterhaltung gehabt und aus dieser entnommen, daß nicht die Vergrößerung der Truppenmacht in Bezug auf die Zahl der Mannschaften, *sondern die Entlastung des mohammedanischen und in erster Linie des türkischen Elements* die Absicht dabei ist. Das ist absolut notwendig, aber es muß noch mehr geschehen. Bisher haben nicht nur die Christen, sondern auch ein großer Teil der *nichttürkischen mohammedanischen* Untertanen des Sultans keine Militärdienste geleistet, weil die Regierung zu schwach war, um die Stellung von Rekruten überall durchzusetzen. Die

Nomaden in Mesopotamien und Babylonien sowie in den syrisch-arabischen Grenzgebieten stellten keine Rekruten, die Kurden auch nicht und die albanesischen Stämme überwiegend auch nicht. Der Versuch Abd ul Hamids, die militärische Kraft der Kurden durch die Organisation der sogenannten Hamidiéregimenter, die etwas Ähnliches sein sollten wie die russischen Kosaken, für die Reichsverteidigung nutzbar zu machen, hatte nur einen sehr geringen Wert, da die Hamidiés im Ernstfall schwerlich hätten bewogen werden können, auf größere Entfernung von ihrer Heimat ins Feld zu rücken. Jetzt greift die Regierung kräftiger durch; Albanien ist unterworfen und zum großen Teil auch entwaffnet; wie es scheint, ist man auch schon mit den Drusen im Hauran, einem kleinen, aber kräftigen Stamm, fertig geworden, und zweifellos wird bald Kurdistan an die Reihe kommen. Diese Erfolge der neuen Regierung sind größer als man sie vorher für möglich zu halten geneigt war, und sie verdienen aufrichtige Bewunderung. Trotzdem wird es aber noch längere Zeit dauern, bis jene eben gebändigten oder noch zu bändigenden Völkerschaften in ein neues organisches und allgemein türkisches Staatsgefühl hineinwachsen, und wenn ihre Heranziehung zum Militärdienst auf der einen Seite dazu beitragen wird, die Osmanen noch weiter zu entlasten, so wird ihre dauernde Beruhigung und Kontrollierung vorläufig immer noch einen Teil der militärischen Kraft des Reiches absorbieren. Selbst aber, wenn diese Sorge in Zukunft einmal nicht mehr existieren sollte, so müßte der Gedanke an irgendeine Kolonisation von Europa aus nach der Türkei hinein, d. h. an Masseneinwanderung bäuerlicher Elemente, an einer anderen Erwägung scheitern. Entweder würden nämlich die Einwanderer Untertanen einer ausländischen Macht bleiben, und das muß jede türkische Regierung als eine schlechthin unmögliche Zumutung ablehnen, oder sie müssen türkische Untertanen werden. Welche inneren und äußeren Schwierigkeiten das für deutsche Ansiedler hätte, liegt auf der Hand, und selbst wenn diese Schwierigkeiten in Wirklichkeit kleiner wären, als sie sind, so müßte es den Türken doch im höchsten Grade unratsam erscheinen, zu den schon vorhandenen, nichtmohammedanischen Angehörigen ihres Staatswesens hinzu noch neue fränkische, christliche, Einsprengungen zu schaffen. Selbst beim besten Willen von beiden Seiten würden sich aus dem bloßen Versuch, eine deutsche Einwanderung nach Kleinasien zu organisieren, so starke und so zweifellose Konflikte ergeben, daß in Wirklichkeit der deutschen Sache im Orient gar kein schlechterer Dienst geleistet werden kann, als wenn die Leute, die sich fälschlich dazu berufen glauben, ihre wirklichen oder angeblichen Erfahrungen und Überzeugungen betreffs deutscher Einwanderung in türkisches Staatsgebiet für die weitere Öffentlichkeit zum besten geben. Sie können sicher sein, daß eine jede derartige Äußerung von den Gegnern Deutschlands, von den Feinden unserer legitimen Bestrebungen im Orient, sorgfältig aufgesucht, verzeichnet und bei geeigneter Gelegenheit den Türken in möglichst tendenziös zugestutzter Form zu unserm Schaden präsentiert wird. Mißtrauen gegen uns kann in der Türkei trotz aller augenblicklichen Beliebtheit des Deutschtums immer hervorgerufen werden. Ich habe selbst bei mehr als einer Gelegenheit die Erfahrung gemacht, daß gerade unter den gebildeteren und einsichtigeren Türken die fremden Bahnprojekte manchmal als die Einleitung zur Besitznahme des Landes angesehen wurden. »Jetzt ist unsere Freundschaft ja groß, aber ich fürchte, im Grunde seid ihr doch nicht besser als die Russen und Engländer und wollt doch unser Land gleich diesen nehmen. Die Eisenbahn aber wird der Strick sein, mit dem ihr es an euch zieht.« – Mit diesen Worten kennzeichnete mir ein alter gebildeter und vornehmer Mohammedaner während meiner Reise in Mesopotamien 1900/01 seine Anschauung von der deutsch-türkischen Politik und von der Eisenbahnfrage. Es bedarf also wirklich nicht solcher politischen Ungeschicklichkeiten, wie es manche Journalartikel über deutsche Kolonisation im Orient sind, um unsere ohnehin nicht leichte Stellung und Aufgabe am Bosporus zu erschweren.

In politisch-nationaler Beziehung lägen die Dinge, wenn es nur hierauf ankäme, im arabischen Sprachgebiet allerdings anders. Zwar ist von wirklichem rassenreinem Arabertum in der arabisierten, syrischen und babylonischen Bevölkerung von Beirut und Jaffa bis Mossul und Basra nur sehr wenig vorhanden. Aber weil die Leute arabisch sprechen, bilden sie sich ein, weitaus etwas Besseres zu sein als der Türke, den sie tief innerlich als einen rohen Barbaren verachten, obwohl er ihnen an Energie und manchen anderen Eigenschaften seines Wesens weit überlegen ist. Viel trägt zu dieser Stimmung, die am schärfsten in Damaskus und überhaupt in Syrien ist, der Umstand bei, daß nur wenige von den höheren Provinzialbeamten aus den Eingeborenen des Landes genommen werden, sondern fast alles vom einfachen Kaimakam (etwa Landrat) an wird von Konstantinopel hergeschickt. Selbst aber, wenn die Türken in Syrien-Mesopotamien an Kolonisation von außerhalb dächten, um das »arabische« Element in Schach zu halten, so hülfe uns das aus dem Grunde wenig, weil nur in sehr beschränkten Teilen jener Gebiete Ackerbaukultur und überhaupt schwerere Arbeit für den Deutschen möglich ist – aus klimatischen Gründen. Die schwäbischen Kolonisten in Palästina, die sogenannten Templer, machen scheinbar davon eine Ausnahme, aber erstens hat es Jahrzehnte gedauert, bis ihre Ansiedelungen zu der jetzigen Blüte gelangt sind, zweitens beschäftigen sie sich meistens nicht mit dem schweren Feldbau, sondern mit den leichteren landwirtschaftlichen Kulturen, Südfrüchten und anderem Obst, Bienenzucht, Weinbau und ähnlichem, und drittens sind sie bekanntlich trotz allem heftigen Angriffen ausgesetzt, und daß ihre Ansiedelungen irgendwie zu beträchtlicheren Größenverhältnissen gediehen, ist durch die ganze Lage der Dinge ausgeschlossen.

Die Besorgnis vor der »politischen« Einflußnahme Deutschlands in den von der Bagdadbahn durchzogenen Landesteilen der Türkei ist es auch offenbar gewesen, wodurch es, von den finanziellen Schwierigkeiten in der Garantiefrage abgesehen, den Gegnern Deutschlands Jahre und Jahre hindurch erleichtert wurde, in türkischen Kreisen selbst Stimmung gegen die »deutschen Eisenbahnbauten« zu machen. Auch von uns anscheinend nicht übelwollender Seite in England, und ebenso auch in Rußland, hört man öfters die Meinung äußern, Deutschland *müsse* bei dem starken Anwachsen seiner Bevölkerung doch irgendwo auf den Erwerb eines wirklichen Kolonisationsgebietes bedacht sein. Die Leute, die das meinen, übersehen erstens, daß wir im Durchschnitt noch lange nicht eine Volksdichte erreicht haben, bei der von Übervölkerung die Rede sein kann. Selbst aber, wenn das nach langer Zeit wirklich einmal der Fall sein und starker innerer Überdruck ein Steigen der Auswanderungsquote hervorrufen sollte, so wird man bei uns nie daran denken, die Bewegung in die Länder am Euphrat und Tigris abzuleiten.

Diese Vorbemerkung über die jetzt glücklicherweise etwas mehr in den Hintergrund tretende, aber immer noch nicht ganz abgetane Kolonisationsfrage war notwendig, um für die weitere Behandlung des ganzen Bagdadbahnproblems nach der politischen wie nach der wirtschaftlichen Seite hin freie Bahn zu bekommen.

Unter das Stichwort »Bagdadbahn« gehört ein für Deutschland sehr weittragender, umfassender und nicht einfacher Zusammenhang von Tatsachen und Erwägungen der großen Politik. Als zuerst der Gedanke im Ernst auftauchte, unter Führung deutschen Kapitals und mit maßgebender Beteiligung der deutschen Industrie einen Schienenweg zu erbauen, der am Bosporus beginnen und am persischen Golfe endigen sollte, da dachte man in weiteren Kreisen zunächst nur an die sogenannten rein wirtschaftlichen Vorteile, die sich hieraus für das deutsche Wirtschaftsleben ergeben würden. Wer seine Gedanken weiter schweifen ließ, der stellte sich vor, daß in Zukunft auch die Versorgung des europäischen, zum Teil also auch des deutschen Marktes mit Getreide, Baumwolle und anderen Produkten aus dem zukünftigen Gebiet der Bagdadbahn würde stattfinden können, sobald dort infolge des Bahnbaues Bodenertrag und Bevölkerung wieder auf einen ähnlichen Stand gelangt sein würden, wie einst im Altertum. Man braucht diese Erwägungen keineswegs auszuschließen, ja man kann und muß sie sogar stark unterstreichen, aber der eigentliche Ausschlag in der Gesamtheit der Fragen, um die es sich hier handelt, liegt nicht bei ihnen, sondern auf anderem Gebiet. Um ihn seiner Natur nach zu verstehen, ist es notwendig, von ziemlicher Ferne her auszuholen, und zwar von dem Wechsel in den

Prinzipien der deutschen auswärtigen Politik, der bald nach 1890 durch das veränderte Verhältnis zu England offenbar wurde.

Von 1870 an ist unsere Politik etwa ein Vierteljahrhundert lang ganz überwiegend durch das Verhältnis zu Frankreich bestimmt worden. Als der Frankfurter Friede geschlossen war, sagte Moltke, die Festhaltung des Errungenen würde dem neuen deutschen Reich fünfzig Jahre Waffenbereitschaft kosten. Bismarck führte in seinen »Gedanken und Erinnerungen« mehrfach aus, wie das Prinzip der Gefahr für Deutschland hierbei in der Möglichkeit der »Konstellation des Siebenjährigen Krieges« läge, d. h. in einem Bündnis Frankreichs, Österreichs und Rußlands gegen uns. Aus diesem Grunde, sagt er, müsse die deutsche Politik so geführt werden, daß Deutschland zwischen Österreich und Rußland sich mindestens mit einem dieser beiden Staaten, womöglich aber mit beiden, in einer dauerhaften Verständigung befinde. Sehr häufig findet sich bei Bismarck, angedeutet oder ausgesprochen, der Gedanke, daß – vom Standpunkt Deutschlands aus betrachtet – der politische Zusammenschluß der drei Kaiserreiche im Grunde das ideale europäische System sei, immer mit Rücksicht auf das Revanchebedürfnis Frankreichs und auf die von dort ausgehende, den alten Monarchien unbequeme Agitationskraft der demokratisch-republikanischen Idee.

Eine verhältnismäßig sehr geringe Rolle spielt dagegen in dem politischen Gedankensystem Bismarcks das Verhältnis zu England. Persönlich empfand er England gegenüber eher Abneigung als Zuneigung, aber die Möglichkeit eines akuten Zusammenstoßes der deutschen und der englischen Interessen sah er nirgends, und tatsächlich bestand sie auch zu seiner Zeit noch nicht. Die englische Politik in Europa zur Zeit Bismarcks war in erster Linie Orientpolitik, und der Orient war damals, wie Bismarck selbst gesagt hat, für Deutschland »nicht die Knochen« eines pommerschen Grenadiers wert«. Abgesehen hiervon trieb England eine Politik der großen überseeischen Interessen, und solche kamen für Deutschland noch wenig in Frage. Bismarcks praktischer politischer Standpunkt gegenüber England war bestimmt durch die Erwägung, daß Deutschland bei England eine Versicherung seiner Errungenschaften von 1870/71 nicht suchen könne: erstens deshalb nicht, weil die Interessenkreise beider Staaten auseinanderfielen, und zweitens, weil die englische Verfassung Bündnisse von gesicherter Dauer nicht zulasse. Dem entsprachen auch auf der englischen Seite die Vorstellungen über das Verhältnis zu Deutschland. Man glaubte so wenig an die Möglichkeit eines ernsthaften Interessenkonflikts mit diesem Staate, daß man ohne Bedenken gegen gewisse territoriale Zugeständnisse in Afrika die wichtige seestrategische Position von Helgoland an das Deutsche Reich überließ: 1890. Unter den heutigen Verhältnissen würde der bloße Gedanke, Helgoland an die Deutschen abtreten zu sollen, jedem Engländer als eine Absurdität erscheinen. So sehr hat sich die Lage in den letzten 20 Jahren verändert.

Die Änderung im politischen Verhältnis zwischen England und Deutschland war bedingt durch die Änderung der wirtschaftlichen Gesamtstruktur Deutschlands. Das deutsche Wirtschaftsleben entwickelt sich mit der Notwendigkeit und Unaufhaltsamkeit eines Naturprozesses in derselben Richtung, die das Wirtschaftsleben Englands schon seit einem Jahrhundert eingeschlagen hat. Unser Boden vermag schon seit einem Vierteljahrhundert das Volk, das auf ihm lebt, nicht mehr zu ernähren, und es gibt keine andere Möglichkeit, unsere Volkswirtschaft zu erhalten, als Beteiligung im großen Stil an der Weltwirtschaft und am Welthandel. Deutschland muß nicht nur die Nahrungsmittel, die es importiert, sondern auch den größten Teil der industriellen Rohstoffe, die es gleichfalls aus fremden Ländern einzuführen genötigt ist, mit dem Gewinn aus seiner Beteiligung an Welthandel und Weltwirtschaft bezahlen, und mit jedem Jahre beruht ein größerer Teil unserer Existenz auf unseren Beziehungen zu überseeischen Ländern und fernen Erdteilen.

Dasselbe in noch höherem Grade ist in England der Fall, und England hat daher schon seit langem in politisch-militärischer Beziehung die einzig mögliche Folgerung aus seiner Lage gezogen. Es hat eine Flotte gebaut, die imstande ist, ihm die Sicherheit seiner überseeischen Beziehungen zu garantieren, und es hat hintereinander die Flotten derjenigen Mächte, die allein oder in Verbindung ihm hätten gefährlich werden können, vernichtet oder bedeutungslos gemacht. Wenn aber England aus der Tatsache, daß es auf die Sicherheit seiner Seeverbindungen schlechthin angewiesen war, die Folgerung zog, daß es eine starke Seemacht haben müsse – welches Schicksal droht dann Deutschland, wenn eines Tages eine zur See stärkere fremde Macht es in ihrem Interesse für ratsam finden sollte, die überseeische Betätigung Deutschlands einzuschränken? Welch ein ungeheures und gefährliches Pressionsmittel würden diejenigen Staaten und Völker, denen ein zur See ohnmächtiges Deutschland gegenübersteht, in der Hand halten, wenn sie die Möglichkeit besäßen, durch die bloße Drohung mit einem Seekriege auf die Entschlüsse der deutschen Politik mit Zwangsgewalt einzuwirken! Auch für Deutschland ist also die Notwendigkeit gegeben, eine Flotte zu bauen, die stark genug ist, um den Platz, den die Nation innerhalb der Weltwirtschaft errungen hat, wirksam zu verteidigen. Von dem Augenblick an, wo wir danach zu handeln anfingen, war aber eine tiefgreifende Änderung des Verhältnisses zu England unvermeidlich, und damit entstand auch die Notwendigkeit einer Änderung in den Grundprinzipien der deutschen Politik. An und für sich wäre es für Deutschland am vorteilhaftesten gewesen, wenn die politischen Verhältnisse dauernd so hätten bleiben können, wie sie zur Zeit Bismarcks waren. Damals war Deutschland nach Bismarcks Ausdruck »saturiert«; es besaß was es brauchte, und war mehr als irgendeine andere Großmacht an der Erhaltung gerade der bestehenden Zustände und Machtverhältnisse interessiert. Seitdem eine beachtliche deutsche Flotte da ist, bildet ihr bloßes Vorhandensein für die englischen Interessen zweifellos eine Unbequemlichkeit, nach Meinung der Engländer sogar eine Gefahr. Die deutsche Seemacht kann zwar nicht daran denken, für sich allein der englischen entgegenzutreten und sie zu besiegen, aber sie ist doch stark genug, um der englischen Politik gewisse Rücksichten nahe zu legen. Daher begannen seit dem Regierungsantritt Eduards VII. mit besonderem Nachdruck unternommene Bemühungen Englands, uns politisch zu isolieren, »einzukreisen«, wie man in den letzten Jahren meistens gesagt hat.

Was soll Deutschland dagegen tun? Das Wachstum des deutschen Volkes und der deutschen Interessen schreitet unaufhaltsam fort, und mit ihm die Notwendigkeit, der deutschen Industrie einen steigenden Anteil am Weltmarkt zu sichern. Eine Reduktion oder ein Stillstand in der Entwicklung der deutschen Seemacht würde die Lage wahrscheinlich für den Augenblick sehr erleichtern, aber was dann, wenn der Moment eintritt, wo England von seiner Überlegenheit und von Deutschlands Schwäche zur See glaubt Gebrauch machen zu sollen? Eine Lage, wie die Deutschlands in einem solchen Augenblicke wäre, kann kein großer Staat freiwillig für erträglich halten und das Risiko auf sich nehmen, in sie zu geraten.

Es ist nicht schwer einzusehen, daß die Aufgabe der deutschen Politik durch den Hinzutritt der Spannung von der englischen Seite her zu dem französischen Revancheprinzip gegen früher bedeutend erschwert ist. Früher war es Frankreich allein, auf dessen Unterstützung eine dritte Macht im Falle eines Konflikts mit Deutschland rechnen konnte; heute scheint es England fast noch mehr zu sein, als Frankreich. Dabei genießt England den Vorzug, daß die Initiative bei ihm steht, denn es kann sicher sein, daß Deutschland keinen Konflikt beginnen wird, der es auch im günstigsten Falle in die allergrößten Gefahren stürzen muß. Unterliegt Deutschland, so ist sein Seehandel zertrümmert, seine Stellung in der Weltwirtschaft auf lange verloren; siegt es, so fordert es durch seinen Sieg die europäische Koalition gegen sich heraus. England ist also frei, sich zu entscheiden, ob es bei günstiger Gelegenheit den Versuch machen will, Deutschland gewaltsam niederzudrücken, oder ob es weiter den friedlichen Konkurrenzkampf bestehen will. Käme es zu einem Kriege, so würde es sich für Deutschland schlechthin um Sein oder Nichtsein handeln. Die Möglichkeit einer günstigen Wendung hängt einzig und allein davon ab, ob es uns gelingt, England selbst in eine gefährliche Lage zu bringen. Das kann keinesfalls durch einen direkten Angriff über die Nordsee hin geschehen; alle Ideen über die Möglichkeit einer deutschen Invasion nach England sind Phantasien. Man muß also eine andere Kombination suchen, um England an einer verwundbaren Stelle angreifen zu können – *und hier sind wir an dem Punkte, wo der deutschen Politik das Verhältnis zur Türkei und die Zustände in der Türkei für ihr neues Grundprinzip, die Rücksicht auf England, entscheidend werden.*

Es gibt für Deutschland im Grunde nur eine einzige Möglichkeit, einem englischen Angriffskriege zu begegnen, und das ist die Stärkung der Türkei. England kann von Europa aus nur an einer Stelle zu Lande angegriffen und schwer verwundet werden: in Ägypten. Mit Ägypten würde England nicht nur die Herrschaft über den Suezkanal und die Verbindung mit Indien und Ostasien, sondern wahrscheinlich auch seine Besitzungen in Zentral- und Ostafrika verlieren. Die Eroberung Ägyptens durch eine mohammedanische Macht wie die Türkei könnte außerdem gefährliche Rückwirkungen auf die 60 Millionen mohammedanischer Untertanen Englands in Indien, dazu auf Afghanistan und Persien haben. Die Türkei aber kann nur unter der Voraussetzung an Ägypten denken, daß sie über ein ausgebautes Eisenbahnsystem in Kleinasien und Syrien verfügt, daß sie durch die Fortführung der anatolischen Bahn nach Bagdad einen Angriff Englands auf Mesopotamien abwehren kann, daß sie ihre Armee vermehrt und verbessert und daß ihre allgemeine Wirtschaftslage und ihre Finanzen Fortschritte machen. Man braucht sich diese Tatsache nur vor Augen zu halten, um zu begreifen, daß es allein dem zwingenden Gebot der Selbsterhaltung entspricht, wenn Deutschland sich bemüht, zur Stärkung der Türkei beizutragen. Je stärker die Türkei ist, desto gefährlicher ist es für England, uns auf die Gefahr hin anzugreifen, daß die Türken sich an dem deutsch-englischen Konflikt auf seiten Deutschlands beteiligen. Ägypten als Preis ist zweifellos das Risiko eines Krieges für die Türken, wenn sie an der Seite Deutschlands gegen England fechten, wert. Auf der anderen Seite aber würde die bloße Erkenntnis, daß die Türkei militärisch stark, ökonomisch gefestigt und im Besitz genügender Eisenbahnverbindungen ist, *für England möglicherweise schon genügen, um auf den Gedanken des Angriffs auf Deutschland zu verzichten, und das ist es, worauf die deutsche Politik abzielen muß. Die Politik der Unterstützung, die Deutschland der Türkei gegenüber verfolgt, bezweckt nichts anderes als den Versuch, eine starke Versicherung gegen die von England her drohende Kriegsgefahr zu schaffen.*

Ich habe an anderer Stelle, in einem Buche, das sich auf breiterer Grundlage mit den Fragen der deutschen auswärtigen Politik beschäftigt[1], den Gedanken ausführlicher entwickelt, daß zu dem Bündnis zwischen Deutschland und Österreich-Ungarn nur noch eine gemeinsame Verständigung der beiden europäischen Zentralmächte mit der Türkei hinzutreten muß, damit ein festes Gegengewicht gegenüber derjenigen

Mächtegruppierung entsteht, die unter Führung Englands eine Änderung des gegenwärtigen europäischen Gleichgewichts erstrebt. Für die ausführliche Begründung dieses Gedankens bitte ich auf die genannte Stelle verweisen zu dürfen; nur seinen Grundzügen nach sei er in folgendem kurz angedeutet. England ist, solange für sein Verhältnis zu den europäischen Kontinentalstaaten die Rücksicht auf Deutschland noch nicht maßgebend war, die Schutzmacht der Türkei gewesen und hat noch 1878 auf dem Berliner Kongreß Rußland mit einem Interventionskrieg für die Türken bedroht, wenn die Friedensbedingungen von San Stefano nicht erheblich revidiert würden. Seine innere Stellung zur Türkei mußte sich aber in dem Maße verändern, wie diese anfing, als eventueller Mitspieler Deutschlands in Betracht zu kommen, und wie außerdem die englischen Interessen selbst eine Richtung erhielten, die, konsequent verfolgt, zu einer mindestens teilweisen Liquidation der türkischen Masse führen müßte. Außerdem war es eine Grundvoraussetzung der englischen Protektion, daß die Türkei ein nach außen hin schwacher Staat, ohne die Befähigung zu eigener politisch-militärischer Initiative, blieb. Schon unter dem alten Regime, vor der Beseitigung Abd ul Hamids, war die Entwicklung in dieser Beziehung nicht dem englischen Interesse gemäß. Zwar hinderte der korrupte Despotismus des Sultans und die Herrschaft der Palastklique eine wirkliche Besserung der Verhältnisse von innen heraus, aber in militärischer Beziehung wurden unter dem Einfluß der deutschen Armeeinstruktoren doch zweifellose Fortschritte gemacht, und das Bagdadbahnprojekt mußte nach seiner Vollendung nicht nur die wirtschaftliche, sondern auch die politische und militärische Lage der Türkei verbessern. Gegen das erstere hätte die englische Politik natürlich nichts einzuwenden gehabt, wohl aber gegen das zweite und dritte. Je mehr daher die Möglichkeit in den Vordergrund trat, daß Deutschland, mit Österreich-Ungarn verbündet, eines Tages auf dem Umweg über die Türkei die Einkreisungspolitik Englands durchkreuzen könnte, desto näher rückte für England die Frage, ob es nicht besser sei, wenn die Türkei an der hierfür geeignetsten Stelle in dieser oder jener Form einer Amputation unterzogen oder dortselbst eine feste englische Kontrolle aufgerichtet würde.

Während der Epoche der früheren Kräfteverteilung in Europa, bis zum russisch-japanischen Kriege, war freilich die Existenz einer halbwegs widerstandsfähigen Türkei für England notwendig, damit eine Vormauer gegen Rußlands Drängen nach den Zugängen des Mittelmeeres erhalten blieb. Die russische Niederlage gegen Japan änderte dies aber. Erstens verschwand der größte Teil der russischen Seemacht vom Meere und zweitens offenbarten sich nicht nur zu Wasser, sondern auch zu Lande so große russische Schwächen, daß England den russischen Faktor lange nicht mehr mit demselben Gewicht in seine Rechnung einzustellen brauchte, wie vordem. Unmittelbar nach dem Friedensschluß zwischen Rußland und Japan erfolgte das englisch-russische Abkommen über Persien und den »mittleren«

Osten. Rußland verzichtete formell auf seine früheren Wünsche, auch in Südpersien Einfluß auszuüben, einen Hafen am südlichen Meer zu erwerben, und eine Eisenbahn dorthin zu bauen, und es erkannte Südpersien samt dem persischen Golf als englisches Interessengebiet an. Es ist nicht unwahrscheinlich, daß der Vertrag über Persien auch noch geschriebene oder ungeschriebene Paragraphen für den Fall enthält, daß eine Krisis der Türkei eintreten sollte. England verfolgt seit geraumer Zeit den Plan einer Eisenbahnverbindung zwischen Ägypten und Indien auf dem Wege durch Nordarabien, das Bagdadgebiet und das südliche Persien, und dies Projekt, das die nordostafrikanische und die südasiatische Machtsphäre Englands miteinander in Verbindung setzen soll, versteht sich natürlich unter der Voraussetzung, daß auch die dazwischen liegenden Gebiete mit und infolge der Eisenbahn in irgendeiner Form unter englische Kontrolle kommen. Was Südpersien betrifft, so ist diese Voraussetzung bereits geschaffen. Auch Arabien kann mit Ausnahme der türkischen Provinzen Hedschas und Yemen überwiegend als englisches Einflußgebiet bezeichnet werden. Die Sultanate und kleineren Herrschaften an der arabischen Küste stehen tatsächlich und meist auch formell unter englischem Protektorat, und bei den unabhängigen Stämmen des Innern ist englischer Einfluß ebenfalls vorhanden. Ohne die indirekte Unterstützung von dem englischen Aden aus wäre auch der Aufstand in Yemen gegen die Türken schon lange unterdrückt, und an der arabischen Küste des persischen Golfes, wo die Landschaft el Hasa seit über dreißig Jahren türkisches Staatsgebiet ist, hat England sogar ohne Rücksicht hierauf den Schech von Kuweit als »unabhängigen« Herrscher anerkannt. Daraufhin beansprucht es, hier am projektierten Endpunkt der Bagdadbahn mit ihm einen Vertrag schließen zu können, durch den el Hasa gleichfalls zum Reservatgebiet englischer Politik gemacht wird. Es bleibt also eigentlich nur das Vilajet von Bagdad oder das türkische Irak, das die Nil-Indusbahn notwendig kreuzen muß, als ein solider Fremdkörper in der wohl vorbereiteten Zone des englischen Einflusses im mittleren Osten übrig. Auch wenn es im Augenblick noch nicht zu den festumschriebenen Zielen der englischen Politik gehören sollte, Ägypten und Indien durch Inkorporation der dazwischen liegenden Länder in das britische Reich zu verbinden, so muß es ihr doch in hohem Grade unbequem erscheinen, wenn das wichtigste und zukunftsreichste Stück davon, das Gebiet am Unterlauf des Euphrat und Tigris, sich im Voraus auf eine solche Weise entwickelt, daß es später auf jeden Fall ein Hindernis bildet.

Es ist jetzt etwa ein Jahrzehnt her, daß Willcocks, der berühmte englische Wasserbauingenieur, seinen Vortrag über die Wiederherstellung der alten Kultur Babyloniens in der geographischen Gesellschaft in Kairo gehalten hat. Das war die Zeit, wo das große Programm Lord Curzons, 1899 bis 1905 Vizekönig von Indien, für die britische Politik im mittleren Osten zum erstenmal öffentlich verlautbarte: nicht zufällig gleich nachdem Eduard VII.

den englischen Thron bestiegen hatte. Willcocks gab, im Vorgefühl der kommenden Periode politischer Aktivität Englands im indisch-ägyptischen Zwischengebiet, seinen impulsiven und optimistischen Ausführungen eine direkte politische Spitze, die deutlich erkennen ließ, welches die englischen Ziele waren. Er sprach von der Wiederherstellung eines gewaltigen antiken Kanals am Tigris und stellte die verfängliche Frage, ob dieses Werk in Zukunft der Kanal des Kaisers von Indien oder der Kanal des Kaisers von Deutschland heißen werde? Ja er ging noch weiter und verfocht den Gedanken einer Besiedelung jener wiederzugewinnenden alten Kulturländer mit ägyptischen und indischen Bauern, also mit britischen Untertanen! Wenn das ein Mann von der Stellung und Autorität sagte, die Willcocks schon damals besaß, so ist es klar, von welchen Ideen die vorwärtsdrängende Richtung innerhalb der englischen Politik bewegt war und heute noch bewegt ist.

Es erscheint daher nur natürlich, wenn England, sobald der Plan einer Eisenbahn zum persischen Golf auftauchte und Gestalt gewann, sofort seine Maßregeln traf. Die erste war jenes bereits erwähnte, die türkischen Hoheitsrechte ignorierende Abkommen mit dem Schech von Kuweit, wodurch der Endpunkt der Bahn in englisches Machtgebiet fallen sollte. Das zweite, was von englischer Seite geschah, was das Erheben der Forderung, die untere Strecke der Bahn, etwa von Mossul abwärts, solle mit englischem Kapital gebaut werden und unter englischem Einfluß stehen. Selbstverständlich verbindet sich damit der Plan, mit dem Bau am Golf anzufangen und aufwärts nach Bagdad zu gehen. Ins Politische übersetzt würde das bedeuten, daß England sich die Anmarschlinie von Indien in das Herz von Mesopotamien sichert. Umgekehrt ist es ein absolutes Erfordernis für das türkische Interesse, daß keine fremde Macht imstande sein darf, mit Hilfe einer Eisenbahn Bagdad eher zu erreichen, als bis türkische Truppen aus den Kernländern der Türkei dorthin gelangen können. Wenn also England bei seiner an sich ja sehr begreiflichen Forderung bleibt, daß die Strecke Kuweit–Bagdad mit englischem Gelde und zum Nutzen der englischen Industrie gebaut werden soll, so kann die türkisch-deutsche Gegenbedingung nur darin bestehen, daß die englischen Schienen Bagdad von Süden her nicht früher berühren, als die Bagdadbahn selbst von Norden her. Wenn die Türkei erst über eine ununterbrochene Bahnverbindung zwischen Anatolien und dem Irak verfügt, so kann sie sich schon die militärische Kraft zutrauen, auf jeden Fall in und um Bagdad mit Nachdruck ihre Rechte zu wahren.

Bezeichnend für die englischen Wünsche und Pläne ist ein weiterer Vorschlag, den Willcocks gemacht hat: eine Eisenbahn vom Golf nach Bagdad *und von Bagdad direkt nach der syrischen Mittelmeerküste* zu bauen. Diese Bahn würde nicht, wie die Bagdadbahn tut, dem Tigris, sondern dem

Euphrat folgen und nach Willcocks auf dem kürzesten Wege über das alte Palmyra und Damaskus, also genau im Zuge der antiken Karawanenstraße, der Küste zustreben. Die Kosten berechnet Willcocks für die Strecke Bagdad–Damaskus auf 45 Millionen Mark, die Länge der Strecke auf 550 englische Meilen, gleich rund 900 Kilometer. Das macht pro Kilometer nur 50 000 Mark, ein viel zu geringer Anschlag, wenn Normalspur damit gemeint sein soll. Vielleicht sollen damit aber in erster Linie die hohen veranschlagten Kosten der Bagdadbahn diskreditiert werden. Willcocks läßt sich nicht darüber aus, ob und wieweit das jetzt in der Verwirklichung begriffene Bagdadbahnprojekt hierdurch überflüssig gemacht werden soll; er sagt vielmehr nur, daß es aus Handelsrücksichten wünschenswert sei, den zukünftigen Produkten Babyloniens einen möglich kurzen Weg ans Meer zu eröffnen. Wenn es sich aber nur um die Transporte aus dem Gebiet um Bagdad und unterhalb Bagdads, dem eigentlichen Irak, handelt, so wird für diese die Seefracht um Arabien herum und durch den Suezkanal wohl immer noch billiger sein, als die Frachtraten von Bagdad über Deir es Zor und Palmyra nach Tripolis oder sonst einem syrischen Hafen, und militärisch wäre diese letztere Linie für die Türkei so gut wie wertlos. Für England würde sie allerdings den Vorteil haben, daß sie an einem unter britischer Kontrolle stehenden Binnenmeer anfängt und zwischen zwei seestrategischen Positionen Englands im östlichen Mittelmeer, Cypern und Ägypten, endet.

Mit dem System der Bagdadbahn zusammen müssen in politischer Beziehung auch die syrischen Linien betrachtet werden. Gegenwärtig endet der von Haidar-Pascha am Bosporus ausgehende Schienenstrang auf dem kleinasiatischen Hochlande dicht am Nordfuß des Taurus, wo die Arbeiten zur Überwindung des Gebirges etwa seit einem Jahre im Gange sind. Das syrische Bahnnetz dagegen reicht nach Norden bis Aleppo. Zwischen Eregli und Aleppo klafft eine Lücke von rund 500 Kilometern, zu deren Schließung es bei den großen Bauschwierigkeiten im Gebirge noch mehrerer Jahre bedürfen wird. Sobald die Bagdadbahn Aleppo erreicht, besteht eine ununterbrochene Schienenverbindung durch ganz Anatolien, Syrien und Hedschas bis Medina, allerdings mit verschiedener Spurweite, denn die anatolische Bahn und die Bagdadbahn haben Normalspur, die syrischen Bahnen und die Mekkabahn Schmalspur. In Syrien existierte, abgesehen von der kurzen isolierten Strecke Jaffa–Jerusalem, ursprünglich nur die französische Linie über den Libanon von Beirut nach Damaskus. Diese hat aber von Damaskus aus eine Verlängerung nach Süden über Meserib nach dem Hafenplatz Haifa erhalten, andererseits eine Abzweigung von der Station Rayak durch das Tal zwischen Libanon und Antilibanon über Homs und Hama bis hinauf nach Aleppo. Von Damaskus nach Süden geht außerdem die Mekkabahn. Nach einer im Jahre 1909 ausgegebenen Denkschrift der türkischen Regierung beabsichtigt diese, sobald wie möglich – wie es in der Denkschrift heißt »à entreprendre immédiatement« – noch eine direkte Linie durch Palästina von Rayak bis an die ägyptische Grenze zu erbauen. Sobald die Lücke zwischen Eregli und Aleppo zugebaut ist, wäre alsdann eine durchgehende Verbindung wie für Bagdad so auch für Syrien mit Anatolien und der Zentrale vorhanden, und wenn die Bagdadbahn in militärisch-politischer Beziehung die Sicherung des Irak für die türkische Herrschaft bedeuten wird, so liegt die politische Wichtigkeit der syrischen Magistrale darin, daß sie im gegebenen Falle das direkte Instrument für einen auf England auszuübenden Druck wäre. Wenn also davon die Rede ist, daß die Bahnbauten in der Türkei ein gewichtiges Mittel für die Aufrechterhaltung des Friedens zwischen Deutschland und England, d. h. für die englische Selbstbesinnung, sind, so muß man sich dabei vergegenwärtigen, daß von dem ganzen System der nach Bagdad führende Strang das Verteidigungsmittel der Türkei gegenüber etwa auftretenden Amputationswünschen an der Mündung des Euphrat und Tigris ist; die von Aleppo südwärts gerichtete Abzweigung dagegen in dem Fall wirksam werden würde, daß einmal eine deutsch-österreichisch-türkische Kooperation in der Richtung auf Ägypten notwendig wird. Ganz ebenso aber, wie das Ziel der politischen Operationen König Eduards VII. nicht der Krieg mit Deutschland, sondern die Herbeiführung eines solchen Verteilungszustandes der politischen Kräfte war, daß Deutschland sich gezwungen sehen sollte, unter Verzicht auf die Entscheidung der Waffen geschehen zu lassen, was geschehen sollte, so muß auch von unserem Standpunkte aus das ganze türkische Regenerationsprogramm, von dem die Eisenbahnen ein besonders wichtiges Stück bilden, *vor allen Dingen als ein Stück Sicherung für den Frieden mit Ehren* angesehen werden. Wir haben kein Interesse daran, daß irgend jemand die Engländer in Ägypten angreift, sondern nur daran, daß Eisenbahnen existieren, auf denen Truppen zur Abwehr eines englischen Angriffs auf Deutschland nach Ägypten gelangen können.

Diese und noch eine Reihe verwandter Erwägungen hat man natürlich in England schon angestellt, bevor weitere Kreise in Deutschland des vorhin skizzierten Zusammenhanges der Dinge sich bewußt wurden, und es bedarf keines allzugroßen Scharfsinnes, um zu sehen, daß England durchaus nicht nur der Bagdadbahn im Gebiet von Bagdad, sondern auch der Bagdadbahn zwischen Eregli und Aleppo mit wenig gemischten Gefühlen gegenübersteht. Vollends gegen eine Linie, die direkt an die ägyptische Grenze führt, wird es wahrscheinlich zunächst Widerspruch erheben. Schon als die Türkei eine Zweiglinie der Mekkabahn von Maan nach dem Meerbusen von Akaba bauen wollte, hinderte England das mit nichtigen Vorwänden und mit der Drohung offener Gewalt. Trotz entgegenstehender Darstellungen hätte es daher auch im politischen Interesse Englands gelegen, die Bagdadbahn nach dem Übergang über den Taurus, statt nach dem ursprünglichen Plan von Adana aus direkt ostwärts über Bagtsche und Killis, vielmehr um den Golf von Alexandretta herum, über Alexandretta selbst und den Beilan-Paß, zu bauen. Es mag wohl sein, daß die Trace um den Golf in verkehrstechnischer und finanzieller Beziehung Vorzüge hat, aber entscheidend muß hier die Frage sein, ob sie nicht in militärischer Hinsicht Gefahren enthält, die alle anderen Vorteile aufwiegen. Eine Bahn die auf längere Erstreckung so nahe an der Meeresküste hinführt, daß sie entweder direkt durch eine feindliche Flotte beschossen werden kann oder der Zerstörung durch überraschend gelandete Detachements ausgesetzt ist, muß durch Befestigungen sicher gedeckt sein. Solche Werke am Golf von Alexandretta zu errichten, ist wahrscheinlich möglich, aber sie würden so viel kosten, daß man mit dem Aufwand die Bahn auch durch das Binnenland führen und die Nachteile des Betriebes ausgleichen könnte. Wenn wir eine Garantie für den ewigen Frieden hätten, so wäre es sehr schön, und man müßte dann zweifellos die billigste Trace wählen; wie die Dinge aber liegen, mußten andere Erwägungen hinter dem Ziel der größten militärischen Sicherheit zurückstehen.

Die Geschichte des Planes der Bagdadbahn hat vom ersten Augenblick an in hohem Grade unter der Wirkung politischer Gesichtspunkte gestanden, türkischer wie außertürkischer. Nicht nur England, sondern auch Rußland nahm von vornherein das Recht zu Einreden verschiedener Art in Anspruch. Heute freilich ist seine Stellung gegenüber der Türkei sehr verschieden von der, über die es vor dem unglücklichen Kriege mit Japan verfügte. Damals war es imstande, eine Kriegsflotte vor Konstantinopel erscheinen zu lassen, ehe man möglicherweise in Europa davon erfuhr, daß ein solcher Schritt geplant wurde. Die Befestigungen am oberen Bosporus waren wenig wert und nicht imstande, das Passieren der russischen Macht länger als einige Stunden aufzuhalten, zumal sie sämtlich durch gelandete Abteilungen von ihrer unverteidigten Rückseite gefaßt werden konnten. Auf der kaukasischen Seite hatte Rußland durch die Erbauung der kaspischen Küstenbahn bis Baku und durch die Verbesserung des transkaukasischen Straßennetzes gut vorgearbeitet, und auch der Bau einer Verbindungsbahn längs der Küste des Schwarzen Meeres nach Batum war beschlossen, als der Krieg mit Japan ausbrach. Dagegen befand sich auf der türkischen Seite die Befestigung des wichtigsten Platzes an der Rußland zugekehrten Front, Erserum, in schlechter Verfassung. Man durfte damit rechnen, daß sich die Russen im Kriegsfall bald nach Beginn des Feldzuges im Besitze dieses Schlüsselpunktes befinden würden. Demgegenüber hatte die Türkei ein dringliches Interesse daran, die Bahn nach Bagdad auf ihrem Zuge durch die anatolische Halbinsel soweit wie möglich nordwärts verlaufen zu lassen. Ursprünglich sollte sie daher über Angora, Sivas, Charput und Diarbekir nach Mossul gehen. Rußland erreichte aber nicht nur, daß dieser Plan sowie die später aufgetauchte »mittlere Variante« – Angora, Kaisarie, Charput, Diarbekir – fallen gelassen wurde, sondern daß die türkische Regierung sogar eine Verpflichtung einging, künftighin Bahnen im nördlichen und nordöstlichen

Kleinasien, wenn sie solche nicht direkt aus Staatsmitteln baute, an keine anderen als an russische Konzessionäre zu vergeben. Für die Bagdadbahn aber wurde die südliche Trace – Haidar-Pascha, Eski-Schehir, Konia, Adana – gewählt. Dabei betrachten wir die anatolische Eisenbahn mit ihrem Endpunkt Konia von vornherein als den ersten Teil der zukünftigen Gesamtlinie nach Bagdad und dem Golf. Bekanntlich beruht diese finanziell auf dem System der sogenannten Kilometergarantie, d. h. es wurden beim Beginn des Baues die voraussichtlichen Gesamtkosten, Kapitalverzinsung, Betrieb usw., für den Kilometer berechnet, und die türkische Regierung verpflichtete sich, diejenige Summe, die an den Betriebseinnahmen bis zu dem vorhin errechneten Betrage etwa fehlen sollte, ihrerseits der Bahngesellschaft zu bezahlen. Bei den früheren finanziellen Verhältnissen der Türkei bedurfte es aber für diese Kilometergarantie wiederum einer Garantie, nämlich der Bezeichnung bestimmter verfügbarer Einnahmeposten des Staatsschatzes, durch die der fällig werdende Garantiebetrag im voraus gedeckt war. Es ist keine lange Erläuterung über die praktischen Schwierigkeiten dieses Systems nötig: war doch die Geldklemme der Türkei infolge der Verschwendung im Jildis, des mangelhaften Steuersystems und der vielfachen Unterschleife eine chronische. Durchgreifend geholfen werden kann der türkischen Regierung vorläufig nur auf dem Wege der Zollerhöhung. Hierüber ist endlos mit den beteiligten Mächten verhandelt worden, denn die Türkei ist bekanntlich in ihrer Zollpolitik nicht autonom, sondern durch »ewige« Verträge gebunden. Auf die Dauer können und werden sich natürlich die Jungtürken nicht durch das Netz dieser Verträge binden lassen, sondern auf irgendeine Weise versuchen, ein so wichtiges Stück der Staatshoheit, wie die Selbständigkeit in der Zollpolitik, zurückzugewinnen, und vermutlich wird man ihnen von deutscher Seite dabei die wenigsten Schwierigkeiten in den Weg legen. Bisher aber und auch heute noch ist die Türkei zur Rücksichtnahme auf die Verträge verpflichtet. England, und in seinem Gefolge Frankreich, haben von Anfang an das ihrige getan, um eine Verstärkung der türkischen Finanzkraft auf dem Wege der Zollerhöhung zu hintertreiben oder nur unter Bedingungen zu gestatten, durch die eine Verwendung der Mehreinnahmen für die Bagdadbahn ausgeschlossen werden sollte. Näher auf dieses Gebiet einzugehen, empfiehlt sich aus bestimmten Gründen nicht; es mag genügen, darauf hinzuweisen, daß dieselben Tendenzen wie vor Jahren, auch heute noch wirksam sind. So erklärt es sich auch, daß der Bau der Bagdadbahn bisher sehr langsame Fortschritte gemacht hat. Im Dezember 1899 wurde in Konstantinopel der Vertrag über den Bau der Linie zwischen der türkischen Regierung und der anatolischen Bahngesellschaft geschlossen, wonach die Gesellschaft im Laufe von acht Jahren eine Eisenbahn von Konia über Bagdad nach Basra zu bauen übernahm, vorbehaltlich der Regelung der Garantiefrage. Diese Garantiefrage aber und die hinter ihr stehenden feindlichen politischen Einflüsse machten so große Schwierigkeiten, daß im Anschluß an jenen Vertrag nur die erste 200 km lange Sektion des Baues bis in die Nähe von Bulgurlu, jenseits Eregli, zustande kam. Danach war bis 1908 kein Fortschritt zu verzeichnen. Unmittelbar vor der Revolution vom Sommer 1908, am 2. Juli d. J., gelang es der Bahngesellschaft endlich, die Verträge über den Weiterbau abzuschließen, und zwar über 840 km, von Bulgurlu bis Helif, das direkt südlich von Diarbekir zwischen Harran und Nisibis in Obermesopotamien liegt. Der Ausbruch der Revolution und die Errichtung des jungtürkischen Regiments haben nicht, wie man erst befürchtete und wie von der Gegenseite auch angestrebt wurde, zu einer Anfechtung der Konzession geführt, doch zog sich der Beginn der Bauarbeiten an der Taurussektion noch um mehr als ein Jahr, bis zum Spätherbst 1909, hin. Gegenwärtig ist das Werk dort in vollem Gange.

Zweites Kapitel.
Die Trace und die Landschaften der Bahn.

Die Gesamtlänge der Linie von Haidar Pascha am Bosporus bis Kuweit am persischen Golf wird etwa 2500 Kilometer betragen. Diese Strecke, die ja an sich ganz respektabel ist, aber im Vergleich zu der Ausdehnung der amerikanischen Pazifikbahn, der sibirischen Magistrale oder des Projekts vom Kap nach Kairo doch nicht so sehr groß erscheinen kann, teilt man, einschließlich der bereits in den neunziger Jahren erbauten, bis Konia reichenden »anatolischen« Bahn, am besten in fünf von der Natur vorgezeichnete Abschnitte: 1. vom Bosporus bis an den Fuß des cilicischen Taurus, 2. vom Taurus bis an den oberen Euphrat, 3. vom Euphrat bis zum Beginn des babylonischen Niederlandes unterhalb Tekrit, 4. von jenem Punkt bis Zubeir oder Basra am Schatt-el-Arab, 5. von Basra bis Kuweit. Die erste Strecke ist bereits bis Bulgurlu, unweit Eregli, das schon dicht vor dem Taurus liegt, gebaut, fast 800 Kilometer lang. Die Linie durchschneidet hier, indem sie sich von Eski-Schehir ab auf der Höhe des Plateaus hält, das westanatolische Vorland und läuft dann nahe dem Südrande der großen Salzwüste des inneren Kleinasiens bis an den Fuß des Taurus. Im ganzen genommen kann dies Stück nicht als voll rentabel bezeichnet werden, wenn auch zahlreiche Distrikte in der Nähe der Hauptstadt für den Getreide-, Obst- und Gemüseanbau geeignet sind und ein starker Aufschwung der Agrikultur in jeder Beziehung schon jetzt unverkennbar ist. Anders stehts in dieser Beziehung mit der Anschlußlinie von Smyrna nach Afiun-Karahissar, wo sich das schon seit längerer Zeit bestehende westliche Bahnnetz an den Strang der anatolischen Eisenbahngesellschaft anschließt. Wie schon früher erwähnt, ist der Weg an den Euphrat über Konia nicht der ursprünglich geplante, aber es mag bei dieser Gelegenheit doch bemerkt werden, daß es nicht ganz allein politische, sondern auch einige technische Gründe gewesen sind, die es vom Standpunkt der finanziellen Rentabilität aus wünschenswert erscheinen ließen, von der Führung über Siwas-Charput-Diarbekir Abstand zu nehmen. Es wäre diese Trace nämlich erstens um 200 Kilometer länger als die jetzt gewählte südliche Variante, außerdem aber führte sie auf einer langen Strecke durch außerordentlich schwieriges Terrain, wo kostspielige Kunstbauten größten Maßstabes nötig gewesen wären. Ausschlaggebend sind diese Erwägungen schwerlich gewesen, da die türkische Regierung ja ein sehr großes militärisches Interesse an der nördlichen Führung hatte, aber sie hätte sich dann allerdings auch verpflichten müssen, die für den Kilometer zu zahlende Garantiesumme der Gesellschaft gegenüber zu vergrößern.

Das *zweite* Stück, vom Taurus bis an den Euphrat, ist auch bei der jetzigen Führung der Trace weitaus das schwierigste. Der Gülek-Boghas, der Hauptpaß über den cilicischen Taurus, ist zwar nur etwas über 1400 Meter hoch, aber die Gestaltung des Terrains macht es trotzdem unmöglich, ihn zur Überführung der Schienen zu benutzen. Man entschloß sich daher für die Überschreitung des Gebirges etwas westlich von dem alten Paß unter Anwendung eines mehrere Kilometer langen Tunnels. Abd ul Hamid verlangte mit großer Bestimmtheit, daß der Bahnkörper überall mindestens eine halbe Tagereise vom Meere entfernt bleiben soll, aus Furcht vor einer Zerstörung durch feindliche Landungstruppen. Um diesem Wunsche Rechnung zu tragen, muß sich die Linie nach Überwindung des hohen Taurus möglichst nahe am südlichen Fuß des Gebirges halten, aber doch so, daß nach der Überschreitung desselben *Adana* im »ebenen« Cilicien berührt wird. Diese Stadt ist bereits durch eine ursprünglich englische, jetzt von der Bagdadbahngesellschaft angekaufte kurze Bahn mit dem Hafenplatz Mersina verbunden. Von Adana wird man durch die Scharte zwischen dem Nordende des Amanus und dem Südabhang des Taurus, die schon in den siebziger Jahren als bequemster Übergangspunkt für eine Bahn durch das nordsyrische Bergland ermittelt worden ist, weiter ins Innere gehen, voraussichtlich über Killis auf Dscherablus, das alte Karkemisch, südlich von Biredschik am Euphrat. Von dort an hört jede technische Schwierigkeit für den Bahnbau auf, und die projektierte Linie läuft vom Euphrat an über die nordmesopotamische Ebene, nahe dem Fuß einer hier den Tauruskekten vorgelagerten niedrigen und breiten Schwelle, auf den Tigris zu. Zuerst war daran gedacht, die Schienen über Urfa zu legen; später hat sich die technische Kommission dafür entschieden, überhaupt etwas südlich von der früher geplanten Trace zu bleiben und geradezu durch die »Wüste« über Nisibis auf Mossul loszugehen. Der maßgebende Gesichtspunkt ist zum Teil sicher die Kostenersparnis gewesen; andererseits kann man aber auch geltend machen, daß es vielleicht besser ist, das erst infolge des Bahnbaues wieder urbar zu machende Land selbst gleich mitten zu durchschneiden, als es erst von Norden her allmählich aufzuschließen. Viel wichtiger aber als diese relativ geringe Abweichung von dem alten Plane ist der Beschluß, überhaupt ganz auf dem rechten Tigrisufer zu bleiben, anstatt schon oberhalb Mossul (bei Fleischabur) auf das linke Ufer hinüberzugehen, wie das ursprüngliche Projekt lautete. Die Landschaft auf dem *linken* Tigrisufer zwischen dem Strom und dem Rande des iranischen Hochlandes, das alte Assyrien, ist der Kern des alten Großreichs der zu Ninive und Kalach residierenden Herrscher. Von Mossul wäre man nach dem alten Plan über das Feld der Schlacht von Gaugamela, weiter über Arbela, den oberen und den unteren Sab, nach dem Naphthabezirk von Kerkuk gelangt. Südlich von Kerkuk beginnt eine eigentümliche Bodenkonfiguration: teilweise ein unfruchtbares mit vorzugsweise aus Kies bestehenden Hügelketten bedecktes Terrain, teilweise aber zur Sumpfbildung geneigter, von reichlich und reißend strömenden Wasseradern durchzogener Boden. Hier ist das Land von Natur zum Reisbau gleichsam vorherbestimmt. Mit der Überschreitung des

Dschebel-Hamrin, der sich von jenseits des Tigris in langer Linie bis an den Fuß des Puscht-i-Kuh jenseits der persischen Grenze erstreckt, tritt man in das babylonische Niederland ein, das ganz und gar aus den Anschwemmungen des Euphrat, des Tigris und dessen linksseitiger Nebenflüsse besteht. Bei Bagdad sollte dann der Tigris wieder überschritten werden. Nach dem jetzt geltenden Projekt kommt der Bahnhof für Mossul nicht, wie früher geplant, jenseits des Stromes auf die Stätte des alten Ninive zu liegen, sondern auf das Westufer des Stromes, nach Mossul selbst, und der Strang läuft dann über die Ruinenstätte des alten Assur (Kalat Schergat) nach Tekrit, das unmittelbar am Tigris liegt, und weiter nach Bagdad. Auf dieser ganzen Strecke, vom Südfuß des Taurus bis Bagdad, sind außer der Bahn von Adana nach Mersina, drei Abzweigungen vorgesehen: eine südwärts von der Magistrale nach Aleppo, eine nordwärts nach Urfa und eine nordostwärts von einem Punkte zwischen Tekrit und Bagdad nach Chanikin am Fuß der iranischen Randkette, nahe der persischen Grenze, also im Zuge der großen Straße auf das Hochland von Iran hinauf. Von Bagdad biegt die Linie dann im stumpfen Winkel nach Westen, geht nördlich von den Ruinen des alten Babylon über den Euphrat, berührt die schiitischen Wallfahrtsorte Kerbela und Nedschef, folgt dem rechten Ufer des Euphrat am Rande des Überschwemmungsgebietes und erreicht schließlich Basra am Schatt-el-Arab, dem gemeinsamen Unterlauf der beiden vereinigten Ströme. Von Dscherablus bis Basra gibt es kaum einen einzigen Kilometer, der nicht in fruchtbarem oder in anderer Beziehung zukunftsreichem Lande läge, ohne die mindesten technischen Schwierigkeiten für den Bau, wenn man von der Überwindung einiger kleinerer sumpfiger Strecken und von dem notwendigen allerdings recht stattlichen Brückenbau über den unteren Euphrat absieht. Das fünfte kürzeste und letzte Stück endlich von Basra nach Kuweit am Golf führt wesentlich durch eine Wüste und dient einzig und allein der Gewinnung eines Hafens am offenen Meere. Basra ist wegen der Barre an der Mündung des Schatt für Schiffe von mehr als 6 Meter Tiefgang in der Regel nicht zugänglich. Im Hafen von Kuweit dagegen können große Seedampfer löschen und laden.

Nach dem Wunsche der türkischen Regierung, die sich auch heute nach vorübergehendem Schwanken wieder für das Prinzip des trotz all seiner Fehler scharfsichtigen Abd ul Hamid entschieden hat, wird die Bahn wie gesagt vom Bosporus bis zum Persischen Meerbusen an keiner einzigen Stelle das Meer berühren. Eine Verbindung mit der See wird in Cilicien durch die Adanabahn hergestellt. Auf die Dauer ist es aber unmöglich, daß nicht von demjenigen Punkte aus, wo die Schienen, wenn man vom Persischen Golf kommt, *zum erstenmal dem Mittelmeer sich nähern*, eine Zweiglinie direkt an den Golf von Alexandretta gebaut wird. Wie diese Linie zu liegen kommen wird, und ob vielleicht die alte Hafenstadt des syrischen Antiochien, Seleukia, etwas nördlich von der Orontesmündung, ausersehen werden kann, das ist eine Frage zweiter Ordnung. Die Tatsache, daß die Verbindungslinie zwischen *Bagdad–Babylonien* und der Mittelmeerküste *in der Gegend von Antiochien* die älteste, größte und heute noch zukunftsreichste natürliche Handelsstraße Vorderasiens ist, bleibt unabhängig von allen Bahnbauten bestehen und kann durch die Vollendung einer den modernen Anforderungen genügenden Verkehrsstraße nur um so deutlicher und entschiedener hervortreten. Syrien ist von Natur dazu bestimmt, ein Durchgangsland für den Handelsverkehr zwischen Ost und West, zwischen den nach dem Persischen Golf hin gravitierenden Ländern und dem östlichen Mittelmeerbecken zu sein. In der Nähe des Punktes, wo der Umschlag des Verkehrs vom Land- auf den Seeweg erfolgt, hat zu allen Zeiten ein Handelsplatz erster Ordnung gelegen, im Altertum Antiochien, heute Aleppo. Die Güter des Binnenlandes im ganzen Stromgebiet des Euphrat und Tigris, soweit es in der mesopotamisch-babylonischen Ebene liegt, streben mit Notwendigkeit der Ausfallspforte zum Abendlande zu, die sich hier zwischen dem Amanusgebirge und den nordsyrischen Küstenketten öffnet. Der natürlichste Durchgang war und ist das Tal, in dem der Unterlauf des Orontes fließt; daß die Fahrstraße heute über den Beilanpaß des Amanusgebirges nach Alexandretta führt, ist durch Ursachen bedingt, die ihre Wirksamkeit in dem Moment verlieren würden, wo der Karawanendienst durch den Eisenbahnverkehr ersetzt wird. Gerade diese Bedeutung als Durchgangsland, sowie der Umstand, daß eine große Handelsstadt von Natur gleichsam zur Beherrscherin der Gegend vorbestimmt ist, hat die hohe materielle Blüte des nördlichen Syrien von den Tagen der Assyrer bis auf den allgemeinen Niedergang der Kultur im Orient unter der Herrschaft des Islam bedingt. Ich habe mit Staunen auf meinen Kreuz- und Querzügen durch das Kalkgebirge südlich von Aleppo und Antiochien die ungeheure Menge alter Ruinenstädte, die Felderterrassierungen, die Menge antiker Grabanlagen, die zahllosen Ölkelter und viele andere Spuren einer bewundernswert dichten Bevölkerung konstatiert und habe daraus entnommen, daß Nordsyrien bis in die Zeit unmittelbar vor der arabischen Eroberung eines der am dichtesten bevölkerten Länder der alten Welt gewesen sein muß, ähnlich wie in Tunis die Menge der alten Ölpressen allein den Beweis liefert, daß fast das ganze Land mit Olivenwäldern bedeckt gewesen sein und großen Reichtum aus ihrer Verwertung gezogen haben muß. Solange der Handelsverkehr des reichen Ostens mit dem Abendlande dauerte, also z. B. noch zur Zeit der Kreuzfahrer, hat Antiochien eine verhältnismäßige Blüte behauptet. Das heutige Türkenstädtchen Antakije mag 20 bis 30 000 Einwohner haben, aber der Mauerring der von den Kreuzfahrern eroberten Stadt, also das Antiochien des 11. und 12. Jahrhunderts, umschließt allein in der Ebene die sechs- bis achtfache Fläche; von den Befestigungen auf der nördlichen die Stadt überragenden Bergkette ganz zu schweigen. Hier muß also auch ein großer zukünftiger Handelshafen für alle Linien, die ohne Zweifel sich entwickeln werden, sobald die wirtschaftliche Neugeburt Mesopotamiens durch die Bagdadbahn anfängt eine Tatsache zu werden, wiedererstehen. Der Umweg über Adana nach Mersina, um dort die Küste zu gewinnen, ist so groß, daß er auf den Warenverkehr schädlich wirken würde.

Wollte man nur auf das wirtschaftliche und nicht auf das politische Interesse sehen, so könnte man überhaupt die Frage aufwerfen, ob es nicht vorteilhafter wäre, die kleinasiatische Strecke ganz auf sich beruhen zu lassen und erst bei Seleukia-Antiochien mit dem Bau zu beginnen. Der spätere Transit, die Getreide-, Woll- und Baumwollenausfuhr, wird doch ohnehin mit allen Mitteln danach streben, den billigen Wasserweg zu verlängern und die Eisenbahnfrachtstrecke entsprechend zu verkürzen. Unter Umständen könnte es sonst dazu kommen, daß bis nach Mesopotamien hinauf die Frachten es vorziehen werden, nach Bagdad und von dort zu Schiff auf dem Tigris und via Aden-Suez nach Europa zu gelangen. Aus zwei Gründen ist man aber auf alle Fälle mit der Notwendigkeit belastet, auch das ostanatolische Stück der Bahn zu bauen. Der eine ist in dem militärischen Interesse der Türkei enthalten, der natürlich nur wenig damit gedient wäre, wenn sie ihre Truppen von Bagdad und Mossul nicht ganz per Bahn bis ins Innere der Halbinsel bringen kann (und umgekehrt), und der andere ist die Bedeutung der ganzen Linie für den zukünftigen Schnellverkehr mit Indien. Hierfür ist es natürlich notwendig, über eine ununterbrochene Schienenverbindung zwischen Konstantinopel, als dem Punkte, wohin die west- und zentraleuropäischen Routen nach dem Südosten zusammenlaufen, und der Mündung des Schatt-el-Arab zu verfügen. Die Reisenden und die Post nach und von Indien werden natürlich vom Tage der Eröffnung an die Bahn auf ihrer ganzen Länge benutzen, der Warenverkehr dagegen wird voraussichtlich auf der Strecke von Konstantinopel bis an den Südabhang des Taurus immer oder doch auf eine recht lange Zeit hinaus sich in bescheidenen Grenzen halten. Kleinasien, soweit es im Altertum reich, bevölkert und blühend war, liegt zum größeren Teil westlich von der Anfangsstrecke der dereinstigen Bagdadbahn im Gebiet der zum Ägäischen Meere hinabführenden Flußtäler und Eisenbahnlinien; andere ehemals reiche Teile der Halbinsel werden von der projektierten Trace gar nicht berührt. Cilicien, d. h. die Ebene um Adana, Mersina und Sis, hat seine große wirtschaftliche Bedeutung; davon wird im dritten Kapitel noch näher die Rede sein. Hier beginnt die türkische, d. h. osmanische Bevölkerung schon von fremden Elementen stark durchsetzt zu werden. Es gibt viele Armenier und auch das Arabische fängt an. Etwa von Aintab bis Mossul geht die Bahnlinie durch überwiegend *kurdisches* Gebiet, wenn sich auch, namentlich im westlichen Teil der Strecke, türkische und armenische Stücke dazwischen eingesprengt finden und in einzelnen Städten, wie z. B. Mardin, schon überwiegend arabisch gesprochen wird.

Urfa, das alte Edessa, durch seine natürliche Lage wie durch seine Geschichte die eigentliche Hauptstadt von Obermesopotamien, ist überwiegend türkisch. Als einzige Stadt des Inneren hat es eine relativ bedeutende deutsche Kolonie. Während der schrecklichen Christenmetzeleien in der zweiten Hälfte der neunziger Jahre war es der Schauplatz eines der entsetzlichsten Ereignisse im Verlauf der ganzen verhängnisvollen Bewegung: der Erstickung von 1500 Menschen in der armenischen Kathedrale durch den giftigen Rauch mit Petroleum getränkter brennender Matten und Teppiche, welche die fanatisierten Mohammedaner in die von Flüchtlingen, namentlich Frauen und Kindern, erfüllte Kirche schleppten und anzündeten. Tausende von Armeniern fielen außerdem in der Stadt unter den Kugeln, Säbeln und Knütteln der Türken und Kurden. Als wieder etwas Ruhe eintrat und das unabsehbare Elend der vielen Witwen und Waisen, die das Massakre überlebt hatten, in Europa bekannt wurde, setzte bekanntlich fast in der ganzen Welt eine kräftige Hilfsbewegung unter christlich-philanthropischen Gesichtspunkten ein und zog auch in Deutschland weitere Kreise. Ihre Seele war und ist bis heute der bekannte Dr. Johannes Lepsius. Ohne die Frage nach der Bedeutung dieses ganzen Hilfswerks für den Orient hier diskutieren zu wollen, kann man doch sagen, daß in Urfa, wie ich mich dort selbst genugsam überzeugt habe, jedenfalls ein vom humanen wie nationalen Standpunkt gleich rückhaltlos zu begrüßendes Werk geschaffen ist. Außer dem mehrere hundert Kinder zählenden Waisenhause ist erstens eine reich ausgestattete, für alle Konfessionen ohne Unterschied bestimmte Klinik mit einem Arzt, zwei Assistenten und einer Apotheke eröffnet, und zweitens eine Teppichfabrik mit Färberei und Spinnerei begründet worden, die nicht nur mehr als 400 Menschen Arbeit und Brot gibt, sondern auch einen der lohnendsten zukunftsreichsten Industriezweige des Orients in das Gebiet der dereinstigen deutschen Bahn und des vorwiegenden deutschen Interesses verpflanzt hat. Die Teppichfabrik hat einen so guten Aufschwung genommen, daß diese Industrie, die den englischen und sonstigen fremdländischen Firmen in Smyrna so enormen Gewinn bringt, schon jetzt in Urfa als eingebürgert gelten kann; noch einige Jahre, so wandert die Kenntnis und Kunst des Webens, die vorher hier fremd war, mit den Arbeitern und Arbeiterinnen, die sie in der deutschen Fabrik sich angeeignet haben, in die Häuser der Stadt und auf die Dörfer der Umgegend, und wenn eine Generation vergangen ist, so wird das hausindustrielle Bild dieser Gegend vielleicht ein ähnliches sein wie in manchen Gegenden des vorderen Anatolien. Für das deutsche Interesse ist das insofern von besonderer Bedeutung, als einerseits sowohl Rohmaterial als auch Arbeitskräfte in Urfa viel billiger sind als in Smyrna, anderseits die herrschende Liebhaberei für Orientteppiche naturgemäß auf Erweiterung der Produktionsgebiete für diese Ware hindrängt.

Von dem Augenblick an, wo man die Tore von Urfa, sei es nach Süden, sei es nach Osten verläßt, hat man nach dem heutigen Stande der Dinge bis ziemlich gegen Bagdad hin das Gebiet gesicherter geordneter Zustände hinter sich. Es ist nicht die geringste Übertreibung dabei, wenn ich nach meinen Erfahrungen im Lande sage, daß unter Abd ul Hamid nicht bloß mehr die bürgerliche Sicherheit, sondern die staatliche Autorität der türkischen Regierung mindestens in ganz Obermesopotamien auf das drohendste durch die großen Kurdenchefs gefährdet war. Namentlich zwei von ihnen, Ibrahim von Veranschehir bei Urfa und Mustapha von Dschesireh am Tigris, beide natürlich mit dem Paschatitel ausgezeichnet und »Generale« der Hamidiémiliz, benahmen sich gleichzeitig als selbständige Kriegsherren und Räuberhauptleute großen Stils. Ich habe über diese beiden interessanten, aber dem Ansehen der Pforte und den Lebensinteressen der ansässigen Bevölkerung ihrer Zeit gleich gefährlichen Persönlichkeiten vor zehn Jahren in den Preußischen Jahrbüchern ausführlicher gehandelt und darauf hingewiesen, daß sie vor allen Dingen mit großartigen Bestechungen im Jildis arbeiteten, um bei ihrer persönlichen Gewaltpolitik in Mesopotamien nicht gehindert zu werden. Ibrahim setzte es auf diesem Wege sogar durch, daß ihm Regierungstruppen in seinen Fehden mit anderen Häuptlingen zu Hilfe geschickt wurden. So griff er z. B. 1902 die Araber vom Schammar- und Abu Assaf-Stamme bei Rakka am Euphrat an, tötete eine Menge Menschen und erbeutete 10 000 Schafe und 300 Pferde. Die beiden Stämme wandten sich um Hilfe an den mächtigsten der Araberhäuptlinge in der Provinz von Bagdad, Farreh Pascha, der ihnen auch sofort mit 10 000 Mann zu Hilfe kam und gegen Ibrahim zu Felde zog. Der letztere hatte nur etwa 3000 Mann zur Verfügung, sah sich deshalb in die Enge getrieben und wandte sich sofort an die türkischen Behörden, die ihm denn auch ohne weiteres Verstärkungen von 1500 Mann regulärer Infanterie und 500 Kavalleristen zur Hilfe sandten. Nach einem mit Hilfe dieser erfochtenen Siege fühlte sich Ibrahim Pascha mächtiger denn je und trat unter fast gänzlicher Mißachtung der türkischen Behörden als unumschränkter Gewalthaber im Lande auf, so daß die Regierung in Konstantinopel schließlich doch in Verlegenheit geriet, was sie mit Ibrahim anfangen sollte. Farreh Pascha rüstete sich zu weiteren Operationen und Rachezügen, und sicherte sich die Unterstützung der Araberstämme von Bagarat, Yoz, Scharaba und anderen, ja er trat sogar in Unterhandlungen mit Ibn-el-Raschid, dem mächtigen Schech von Nedschd, der ihm 8000 Mann gegen Ibrahim Pascha in Aussicht stellte. Glücklicherweise wurde dieser »Krieg« noch beigelegt, bevor es zum Äußersten kam, und der Tod Ibrahims schaffte wieder verhältnismäßige Ruhe in Nordmesopotamien. Daß aber ein Land, in dem solche Zustände herrschen, auch unter den besten natürlichen Verhältnissen keine wirtschaftlichen Fortschritte machen kann, versteht sich von selbst, und ebenso ist es nur natürlich, daß die Kurden- und

Araberhäuptlinge solchen Schlages entschiedene Gegner aller Eisenbahnpläne am Euphrat und Tigris waren.

Noch schlimmer, banditenmäßiger, als Ibrahim, der wenigstens ein Räuber großen Stils war, trieb es Mustapha von Dschesireh. Es war bitter kalt, als ich (im Januar 1901) in Mossul einritt; auf den Straßen lag Schnee und die Häuser waren allesamt im Innern feuchtkühl wie schlecht ventilierte Eiskeller, aber man mußte wohl oder übel frieren, denn es kamen keine Kelleks mit Kohlen mehr aus dem holzreichen nördlichen Gebirge herunter, weil die Leute erst dem Mustapha, wenn sie bei Dschesireh passierten, ihre ganze Fracht noch einmal bar abkaufen mußten, bevor sie damit auf den Basar von Mossul gelangten. Ebenso waren alle europäischen Waren, die von Norden via Samsum-Diarbekir auf der Fahrstraße und dann per Kellek eingeführt wurden, unsinnig teuer geworden; z. B. war das von Rußland bezogene Petroleum durch die Sperre bei Dschesireh aufs Doppelte und Dreifache in die Höhe getrieben. Über ein halbes Hundert Dörfer, christliche wie mohammedanische, hatte jener merkwürdige Diener seines Herrn, des Sultans, in den letzten zwei Jahren zwischen Mossul und Dschesireh zerstört, geplündert und die Bewohner verjagt; im November, als ich zu Beginn meiner türkischen Reise von Mossul kommend nordwärts ritt, sah ich die verwüsteten Ruinen täglich rechts und links am Wege liegen, und dazwischen weideten Leute Mustaphas die den einstigen Besitzern geraubten großen Schafherden auf den weiten Fluren des diesmal unbestellt gebliebenen Ackers. Man braucht sich nur die Eisenbahn hier durchgelegt zu denken, um sofort auch das Ende solch einer wahnsinnigen Wirtschaft zu sehen: wo die Prosperität des ganzen riesigen Zukunftswerkes an dem kräftigen Gedeihen der Bodenproduktion in dem durchschnittenen Rayon hängt, muß den Mustaphas wohl oder übel das Handwerk gelegt werden.

Von Mossul südwärts bis Bagdad waren die Zustände etwas besser, aber von hinreichender Sicherheit des Verkehrs, des Lebens und Eigentums konnte auch nur unmittelbar in der Nähe der Garnisonstädte oder der mit starken Gendarmerieabteilungen belegten Ortschaften die Rede sein.

Auf der linken Seite des Tigris, zwischen dem Strom und den Grenzgebirgen gegen Persien, liegen südlich von Erbil (Arbela) bei Kerkuk anscheinend bedeutende Vorräte an Naphtha. Es scheint, als ob eine ganze breite Zone, die sich, aus Persien herüberstreichend, von der Gegend des unteren Sab südwestwärts über den Tigris und Euphrat hinüber bis in die arabische Wüste hineinzieht und hauptsächlich durch die Ortsnamen Kerkuk, Tekrit am Tigris und Hit am Euphrat bezeichnet wird, von Bitumen, Naphtha und gasförmigen Kohlenwasserstoffen förmlich durchtränkt ist. Ich habe die Naphthaquellen von Kerkuk und die ausströmenden brennbaren Gase in ihrer nächsten Nähe bei Baba-Gurgur selbst besucht. Das eine wie das andere Phänomen übertrifft an Massenhaftigkeit die gleichartigen Erscheinungen auf der Halbinsel Apscheron im russischen Transkaukasien vor dem Beginn der Bohrungen. Wenn man gesehen hat, welche Rolle z. B. in Rußland die Naphtharückstände als Heizmaterial für Eisenbahnen, Dampfschiffe und viele industrielle Anlagen spielen, wenn man erwägt, welch eine Bedeutung als Brenn- und Leuchtmaterial dem Petroleum trotz aller anderen in neuester Zeit erschlossenen Lichtquellen doch immer verbleiben wird, so bedarf es keiner langen Darlegungen, um von der eminenten Wichtigkeit dieses Umstandes eine Vorstellung zu geben, daß die Bagdadbahn in nächster Nähe des Naphtharayons vorbeiführen wird. Das einzige, was zu befürchten bleibt, ist, daß es fremdem Gelde, fremden Spekulanten gelingt, sich ein Vorzugsrecht auf die Ausbeutung der mesopotamischen Naphtha zu sichern, bevor deutsche Initiative hier tatkräftig geworden ist. Nachrichten, die vor längerer Zeit durch die Presse gingen, legen leider die Befürchtung nahe, daß bereits viel versäumt sein könnte. Vom Standpunkt der Türkei aus versteht man eigentlich kaum, weshalb nicht schon lange alles nur mögliche geschehen ist, um ein modernes Kommunikationsmittel bis an die Naphthaquellen heranzubringen. Für ein Staatswesen, dessen Einkünfte sich in so mäßigen Grenzen bewegen, wie es in der Türkei der Fall ist, und dessen Bedürfnisse namentlich für militärische und Verwaltungszwecke groß und dringend sind, würde sich in einer geeigneten finanziellen Ausbeutung des Naphthabaues eine so reich und sicher fließende Einnahmequelle eröffnen, daß jeder Tag als verloren gelten muß, der noch vergeht, bis die Lokomotive die Naphthagegend erreicht. Nimmt man die russische Produktion bei Baku und die Einkünfte, welche die russische Regierung aus der ziemlich mäßigen Besteuerung der dortigen Naphthagewinnung bezieht, als Maßstab für das, was sich bei Kerkuk, Tekrit und Hit oder auf allen drei Punkten zusammen für die Türkei ergeben könnte, so käme das einer Verbesserung des türkischen Staatsbudgets um viele Prozent gleich. Die Naphtha würde für die Bagdadbahn eine um so größere und wichtigere Rolle spielen, als Kohle längs der Linie, wenigstens soviel man bisher sieht, nicht viel vorhanden ist. Lagerstätten in der Nähe der Bahn finden sich nach den bisherigen Untersuchungen nur am Flusse Chabur, der oberhalb Mossul von links her in den Tigris fällt. Als einen Fingerzeig dafür, von welcher Bedeutung z. B. die von mir besuchten Gasquellen von Baba Gurgur bei Kerkuk eventuell werden können, sei nur angeführt, daß der Wert des in den Staaten Newyork und Pennsylvanien ausströmenden und seit Jahrzehnten zu gewerblichen Zwecken in größtem Maßstabe benutzten Naturgases auf *über 70 Millionen Mark* jährlich berechnet wird!

Über das alte babylonische Niederland, in das die Bahn bald nach Durchquerung des Naphthagebiets eintritt, und über die Veränderungen, die hier im Zusammenhang mit dem Bahnbau zu erwarten sind, wird im dritten Kapitel besonders zu handeln sein. Für den unmittelbaren Verkehr ist es von großer Wichtigkeit, daß kurz oberhalb Bagdads die große Route von Persien hereinkommt, auf der außer dem Handelsverkehr jährlich die großen Pilgerzüge nach Nedschef und Kerbela sich bewegen. Vom rein politischen Standpunkt der Türkei aus brauchte die Bahn überhaupt nicht über Nedschef hinausgeführt zu werden, und die offizielle Denkschrift des türkischen Ministeriums der öffentlichen Arbeiten vom Jahre 1909 über die notwendigen Eisenbahnbauten behandelt die Strecke von Nedschef bis zum Golf auch als eine solche minderer Dringlichkeit. Trotzdem ist die Frage, wo am Golf der Endpunkt gewählt werden soll, wichtig, denn einmal wird man doch bis zum Meere durchbauen. Seine Lage wird davon abhängen, ob von Bagdad aus, wie offiziell geplant, die Linie nach Osten und unter Überschreitung des Stromes auf dem rechten Ufer des Euphrat bis ans Meer geführt wird, oder ob man versuchen sollte, die zwar kürzere, aber technisch wegen der Sumpfstrecken schwierige Route direkt von Bagdad zur Mündung der Ströme einzuschlagen. Daran denkt z. B. teilweise Willcocks. In diesem Falle würde der Endpunkt vielleicht gar nicht auf die arabische Seite, sondern in unmittelbare Nachbarschaft des persischen Gebiets zu liegen kommen, was sich aus verschiedenen naheliegenden Gründen wenig empfiehlt. Sicher aber wird England beanspruchen, über die Endstation ein entscheidendes Wort mitzureden. Der persische Haupthafenplatz an der Mündung des Schatt-el-Arab ist Muhammera, an dem Kanal, der vom Unterlauf des Karun in den Schatt geht und den schon die Flotte Alexanders des Großen mit den mazedonisch-persischen Truppen an Bord benutzt hat, um von Susa nach Babylon zu kommen. Bei Basra oder Muhammera kann der Schlußpunkt aber nicht liegen, der Barre an der Strommündung wegen. Auf der persischen Seite des Golfes würden am offenen Meere große Hafen- und Dammbauten nötig sein, um die überall ganz flache Küste für größere Schiffe überhaupt zugänglich zu machen, am arabischen Ufer bietet Kuweit einen vortrefflichen und altbekannten Hafen dar. Auf Kuweit aber hat England bereits die Hand gelegt. Käme es in der Tat dazu, daß es der türkischen Oberhoheit entfremdet und formell in den englischen Machtbereich eingezogen wird, so müßte das als eine sehr schwere Schädigung sowohl der europäischen als auch der türkischen Interessen betrachtet werden. Wenn man nur den *nächsten* wirtschaftlichen Nutzungswert der Bagdadbahn in Rechnung zieht, so könnte man auch vom deutschen Standpunkt aus zu der Anschauung gelangen, daß es eventuell besser ist, die Eisenbahn nicht allzu nahe an den Persischen Golf heranzuführen, und zwar aus dem Grunde, weil es ökonomisch vorteilhafter sein könnte, die Wareneinfuhr und Ausfuhr Mesopotamiens über einen Mittelmeerhafen zu lenken. Wenn die Bahn bei Bagdad oder Nedschef endet, so wäre damit wie gesagt das militärische Interesse der Türkei annähernd befriedigt, und die Häfen an der syrischen Küste könnten mit Basra oder Kuweit in bezug auf die Ausfuhr des Getreides, der Baumwolle und Wolle und die Einfuhr von Manufakturprodukten und anderen Erzeugnissen der deutschen Industrie erfolgreich konkurrieren. Ein Hafenplatz am Golf von Alexandretta ist für die internationalen Interessen sicherer, als die Mündung des Schatt-el-Arab. Der Persische Golf wird doch immer ein überwiegend von England kontrolliertes Gewässer bleiben. Läuft die Bahn bei Kuweit aus und ist Kuweit englisch, so bedeutet das, daß England auch den dritten, kürzesten und schnellsten Weg nach Indien und Südostasien neben dem ums Kap der Guten Hoffnung und dem durch das Rote Meer an der entscheidenden Stelle beherrscht und in der Lage ist, ihn nach Belieben zu schließen und offen zu halten. An dem rechtlichen Anspruch der Türkei auf die Oberhoheit über Kuweit kann gar kein Zweifel existieren. Im Anfang der siebziger Jahre, als der Reformer Midhad Pascha Generalgouverneur von Bagdad und Basra war, gelang es ihm, den nordöstlichen Küstenstrich Arabiens am Persischen Golf, die Landschaft el-Hahsa, unter türkische Botmäßigkeit zu bringen. Man gab dem neuen Kasa (Kreis) den pompösen Namen Nedschd, als ob die große und altberühmte Landschaft im Innern der arabischen Halbinsel, deren Küstenvorland Hahsa mit Kuweit bildet, nun auch der weltlichen Obergewalt des Padischah in Konstantinopel untertan geworden wäre. Faktisch hat man sich dann in Stambul um den neuen Bezirk wenig gekümmert, weil die Einkünfte von dort gering und Rekruten für die Armee überhaupt nicht zu beziehen waren. Man begnügte sich damit, daß der jedesmalige Schech die Übernahme der Herrschaft dem Sultan anzeigte und um seine Anerkennung nachsuchte, was gewöhnlich in der Form geschah, daß er den Titel und die administrative Gewalt eines türkischen Kaimakam erhielt, desjenigen Beamten, der einer Kasa vorgesetzt ist. Als ich im Frühling 1901 in Bagdad war, wehte über Kuweit die türkische Fahne und die Mitglieder der deutschen Studienkommission waren ein Jahr vorher zur Untersuchung der Stadt und des Hafens mit einem türkischen Ferman und unter türkischer Eskorte gekommen, wie denn auch der Schech sie anstandslos empfing und sie tun und treiben ließ, was sie wollten. Wenn daher die Engländer behaupten, Mubarek habe 1899 mit ihnen einen Vertrag abgeschlossen, durch den er sich und sein Gebiet unter britischen Schutz stelle, so hätte diese Tatsache, selbst wenn sie wahr ist, nicht die geringste rechtliche Bedeutung, da ein Vasall wie der Schech von Kuweit nicht in der Lage ist, ohne Genehmigung seines Oberherrn, in diesem Falle also des Sultans, ein verpflichtendes Abkommen mit einer andern Macht zu treffen. Der Sultan aber ist weder um die Genehmigung zu einem solchen Einverständnis des Fürsten von Kuweit mit England angegangen worden, noch hat er sie erteilt.

Wie wir bereits im ersten Kapitel bei der Würdigung der politischen Seite der Bagdadbahnfrage gesehen haben, sind die englischen Wünsche in bezug auf die untere Strecke und den Endpunkt der Bahn eine Angelegenheit, die in erster Linie England und die Türkei angeht. Das deutsche Interesse kommt erst in Frage, sobald von englischer Seite irgendein Druck versucht werden sollte, um die Stellung der Türkei direkt oder indirekt nach der militärischen oder politischen Seite hin in Mesopotamien und im Irak zu schwächen. Solange es sich bei den englischen Wünschen nur um finanzielle Beteiligung handelt, wie bei Deutschland, sei es auch, daß die Beteiligung sich speziell auf das Bagdadgebiet konzentrieren soll, brauchen wir den Engländern, wenn sie gleichwertige Gegenzugeständnisse auf einem ähnlichen Gebiet machen und die Türken einverstanden sind, nicht hinderlich zu sein. Legen sie aber, sei es bei Kuweit oder an einem anderen Punkte, Hand auf türkisches Gebiet oder wollen sie sich gar dort in strategisch drohender Weise etablieren, so läge der Fall allerdings anders. Es ist eine direkte Anmaßung, wenn von England aus behauptet wird, weil die Bagdadbahn einen neuen Weg nach Indien bilde, müsse ihr Endpunkt unter englischer Kontrolle stehen. Der Endpunkt der Bagdadbahn, die eine vollkommen türkische Bahn ist, kann nur auf türkischem Gebiet liegen, und auf solchem haben die Engländer schlechterdings nichts zu suchen. Für England muß es genügen, wenn sie den persischen Golf als eine Art von Interessensphäre haben und wenn sie die Meerenge von Ormus oder Bender Abbas, die wirkliche Passage in die indischen Gewässer, tatsächlich kontrollieren.

Drittes Kapitel.
Wirtschaftliche Erwägungen und Tatsachen.

Die Bagdadbahn ist in erster Linie nicht ein deutsches oder internationales, sondern ein türkisches Unternehmen, und für die türkische Regierung wie für die öffentliche Meinung in der Türkei können für ein solches nur Gesichtspunkte des türkischen Interesses maßgebend sein. Was der osmanische Staat braucht, das läßt sich, nachdem die Wurzel aller früheren Übel, das Regiment des Jildis, beseitigt ist, nach der materiellen Seite hin in drei Worte zusammenfassen: eine schlagfertige Armee, moderne Verkehrsmittel, Erhöhung der Staatseinnahmen. Die Folgen des Bahnbaues aber, d. h. die Verbesserung der Verkehrsverhältnisse, werden sowohl Volks- als auch Einnahmevermehrung sein. In den von der Bagdadbahn durchzogenen Landschaften wird sich die Kultur in ähnlicher Weise wieder entfalten, wie es im Altertum der Fall war, vor allen Dingen der Getreide- und der Baumwollbau. Davon wird die Türkei den Vorteil haben, aber außer der Türkei auch noch Deutschland und alle anderen Länder, die zu den Türken in freundschaftliche Beziehungen treten.

War es nicht nur mißverständlich und irreführend, sondern direkt im höchsten Grade gefährlich, von deutscher Kolonisation in der Türkei zu sprechen, so braucht man darum doch die Früchte, die sich im Gefolge der vollendeten Bagdadbahn für unsere deutschen Interessen dort ergeben werden, in keiner Weise geringer zu schätzen, als es selbst bei einer wirklichen Ansiedelung im größten Maßstabe der Fall sein könnte. Ich will mich auf ein praktisches Beispiel beziehen: auf die Erfolge der Russen mit der Baumwollkultur in Turkestan. Die Russen fanden in ihren jetzigen mittelasiatischen Besitzungen bei der Eroberung den von alters her dort bestehenden Baumwollenbau vor, desgleichen Seidenzucht. General von Kaufmann, einer der genialsten Männer, die an der asiatischen Politik Rußlands mitgearbeitet haben, erkannte die hohe Wichtigkeit dieser Tatsache und tat alles dafür, um den Baumwollenbau der Eingeborenen durch Einführung und Anpflanzung amerikanischen Samens, durch Gewährung von Vorschüssen an die Grundbesitzer und Kaufleute usw. zu heben. Die Folge dieser jetzt etwa 25 Jahre alten Bestrebungen ist die, daß gegenwärtig 0,6-0,7 Millionen Ballen gereinigter Baumwolle zur Ausfuhr aus Turkestan nach dem europäischen Rußland gelangen, eine Menge, die hinreichend ist, um die Hälfte des Baumwollbedarfs der russischen Manufakturindustrie zu decken. Dieser Aufschwung der Baumwollenkultur datiert aber von dem Augenblick an, wo die transkaspische Eisenbahn die alten Baumwollengebiete jenseits des Oxus (Amu-Darja) erreichte. Bis dahin wurde nicht mehr Baumwollenfaser angebaut, als der lokale Bedarf erforderte, und alle Verbesserungen des Samens, alle Kreditgewährungen und Ermunterungen hätten herzlich wenig zuwege gebracht, wenn nicht durch die Bahn die Möglichkeit des vorteilhaften Absatzes und der Ausfuhr gegeben worden wäre. Die russischen Spinner zahlen die rund 150 Millionen Mark, die sie vorher an amerikanische und ägyptische Plantagenbesitzer entrichten mußten, jetzt an die Bauern in Turkestan. Der Reichtum des Landes wächst daher in merklicher Progression von Jahr zu Jahr, und die Eingeborenen werden wohlhabend, werden kaufkräftige Abnehmer für die russischen eben aus dieser selben turkestanischen Baumwolle hergestellten Manufakturwaren und andere Erzeugnisse der russischen Fabrikindustrie.

Etwas Ähnliches muß auch das Ziel bei der Erschließung türkischer Landesteile durch die Bagdadbahn sein. Das nordwestliche Mesopotamien und die angrenzenden Teile Syriens sind im Altertum eines der bedeutendsten Zentren der Baumwollkultur gewesen; sie sind es auch bis ziemlich tief ins arabische Mittelalter hinein geblieben, und vereinzelte praktische Erfahrungen, die heute noch gemacht werden, beweisen ebenso wie schriftliche Nachrichten aus früherer Zeit, daß der Boden und das Klima der Landstriche z. B. am Belich und Chabur der Baumwollenstaude außerordentlich zusagen. Gegenwärtig sind es zwei Gründe, die nicht nur die Baumwollenkultur, sondern jede Nutzung des Bodens überhaupt in gleicher Weise verhindern: die Unsicherheit und der Mangel an Verkehrsmitteln. Eins wie das andere wird vor der Eisenbahn weichen. Hat der mesopotamische Bauer erst die Sicherheit, daß seine Ernte ihm nicht von den Arabern der Steppe oder kurdischen Plünderern aus dem nördlichen und östlichen Berglande geraubt wird, daß er sein Produkt, so viel er davon über den eigenen Bedarf hinaus erzeugt, an sichere Abnehmer verkaufen kann, so wird er von selber wieder in die Steppe hinaus ziehen und Baumwolle längs den Flüssen pflanzen, die sie durchziehen; gleich seinen Vorfahren vor 700 und vor Tausenden von Jahren. Selbstverständlich werden es meist *fremde* Kapitalien sein müssen, die eine solche Entwicklung anbahnen helfen, denn ohne finanzielle Unterstützung wird die Baumwollenkultur in Mesopotamien eine rasche und gedeihliche Ausbreitung nicht nehmen können und die türkische Kapitalkraft wird allein dazu nicht ausreichen. Nicht deutsche Bauern, wohl aber deutsches Geld müssen den Boden Mesopotamiens in weitestem Maßstabe urbar machen helfen. Geschieht das, so werden die Früchte davon in reichstem Maße uns und unserer Industrie zugute kommen. Es müssen sich Plantagengesellschaften unter türkischer Beteiligung bilden, die möglichst große Landstrecken, am besten in langjähriger Pacht, vom türkischen Staate, dem alles herrenlose unkultivierte Land gehört, an sich bringen; sie müßten dann ihr Terrain parzellieren und sei es an kleinere Pächter weiter geben, sei es auf eigene Rechnung von eingeborenen Arbeitern bewirtschaften lassen. Der erste Weg wird, glaube ich, der besser gangbare und wenigstens für den Anfang rascheren Erfolg versprechende sein. Gelingt es auf diese Weise, mit der Zeit den Hauptbedarf

Deutschlands an Baumwolle statt aus Amerika aus Mesopotamien zu beziehen, so hat das den großen Vorteil, daß wir in der Bevölkerung des Landes die dadurch reicher und kaufkräftiger gemacht worden ist, Abnehmer für die Erzeugnisse unserer Industrie haben. Amerika gegenüber sind wir mit unserer Handelswirtschaft sowieso stark im Nachteil, und die Amerikaner tun alles, was ihnen möglich ist, um die Einfuhr europäischer, insbesondere deutscher Waren im Austausch gegen ihre Baumwolle zu erschweren. In der Türkei kann von solchen Tendenzen, wie sie die amerikanische Wirtschaftspolitik befolgt, zunächst natürlich noch nicht die Rede sein, und es versteht sich von selbst, daß, wenn das Land durch deutsches Kapital erschlossen wird, die deutsche Industrie auch für die Lieferung der notwendigsten Dinge dorthin sich den Vorzug zu wahren wissen wird. Insofern also kann die Entwicklung der Dinge, das nötige Geschick von unserer Seite vorausgesetzt, in wirtschaftlicher Beziehung hier eine durchaus ähnliche werden, wie im russischen Mittelasien, das auch nach einer langen und glänzenden Epoche der Kultur und des Reichtums viele Jahrhunderte lang zum großen Teil wüste und brach gelegen hat, bis die russischen Ingenieure kamen, die Eisenbahner und Wasserbautechniker, und danach Kapital und Unternehmungsgeist.

Schon wenige Jahre, nachdem die anatolische Bahn bis Eski Schehir und Angora geführt worden war, zeigten sich ihre günstigen Wirkungen auf den Getreidebau in den von ihr erschlossenen Gebieten. Namentlich die Weizenproduktion nahm ganz erheblich zu, und die Folgen davon äußerten sich sowohl in der Vermehrung der direkten Staatssteuern, des sogenannten Zehnten (in Wirklichkeit Achten) vom Ertrage des Ackers, den die Regierung erhebt, als auch in der Vermehrung der Transporte und der spürbaren Verminderung der zu zahlenden kilometrischen Garantiequote. Dabei handelte es sich aber nur um Ländereien, die allein auf den vorhandenen jährlichen Regenfall hin neu unter den Pflug genommen worden waren. Ein großer Teil des anatolischen Hochlandes liegt innerhalb der Zone genügenden Regenfalls, namentlich der Norden und der Westen der Halbinsel. Anders dagegen steht es mit denjenigen Strichen der Südhälfte, die direkt im Regenschatten des hohen Taurus hegen, der zwischen den alten Landschaften Cilicien und Lykaonien als eine die feuchten Winde vom Mittelmeere her absperrende Mauer aufragt. Infolgedessen dehnt sich hier ein großes Trockengebiet aus, in dessen tiefster Stelle der mächtige Salzsee Tus Tschöllü liegt. Zum Teil ist diese abflußlose Depression eine salzige Wüste, zum Teil eine Steppe, in der es gar nicht oder nur schwer möglich ist, Ackerbau ohne künstliche Bewässerung zu treiben. Schon im Altertum hieß dieses ganze Gebiet »Axylos«, d. h. das baumlose Land. Es ist daher kein Wunder, wenn die sogenannte Koniastrecke der anatolischen Bahn und das Anfangsstück der Bagdadbahn von Konia bis Bulgurlu allein für sich nicht eine ähnliche Belebung der Ackerbauproduktion hervorrufen konnten, wie eine solche an der Angoralinie stattgefunden hat. Soll auch im Süden der Getreidebau gehoben werden, so muß Bewässerung geschaffen werden, und um eine solche ins Werk zu setzen, hat man sich schon vor einigen Jahren zu der Ausführung eines großen Projekts in der Ebene von Konia, bei dem Dorfe Tschumra, 40 Kilometer östlich von Konia gelegen, entschlossen. Seine physikalisch-technischen Voraussetzungen sind im Grunde sehr einfach, aber die Ausführung der Idee erfordert bei den Dimensionen der Verhältnisse doch große Mittel. Etwa 90 Kilometer nach Westen gegen den Taurus zu von Konia entfernt, liegt der See von Beyschehir, eine bedeutende Wasserfläche beinahe vom doppelten Umfange des Genfer Sees. Der See hat bei der Stadt Beyschehir einen kräftigen Abfluß, der die Richtung auf die Ebene von Konia zu nimmt. Er gelangt aber nicht bis dorthin, sondern fällt noch nicht halbwegs in ein zweites Becken, den See von Karaviran, dessen Boden in einer felsigen Bucht nahe dem südlichen Gestade große, in unbekannte Tiefen hinabführende Spalten im Gestein aufweist. Diese Schlote verschlingen den größten Teil des vom Beyschehir-See hineinströmenden Wassers. Wo die Wassermenge in der Tiefe bleibt, ist bisher noch nicht bekannt geworden. Ein anderer Teil des Wassers geht in dem teilweise von hohen Bergen umschlossenen glühend heißen Kessel des Karaviransees durch Verdunstung verloren. Nur wenn sehr starke Regengüsse die Menge des von Beyschehir herkommenden Wassers bedeutend vergrößern, fließt auch der Karaviransee in der Richtung auf die Koniaebene zu über und führt sein Wasser durch ein wildes Felsental, die Tscharchambeschlucht, ab. Aus dieser gelangt es etwas oberhalb des Dorfes Tschumra in die eigentliche Ebene und verläuft sich dort jenseits des Dammes der Bagdadbahn ins Weite. Die Station Tschumra ist etwa 40 Kilometer von Konia entfernt. Will man nun den Abfluß des Sees von Beyschehir dauernd und in vollem Umfange für Bewässerungszwecke in der Koniaebene nützlich machen, so muß das Becken von Karaviran durch einen Kanal umgangen werden, der das Wasser das ganze Jahr hindurch in die Tscharchambeschlucht und weiter nach Tschumra führt. Die auszuführenden Arbeiten zerfallen also in vier Teile: 1. Die Erbauung eines Wehrs zur Regulierung der Ausflußmenge bei Beyschehir, 2. den Kanal um das Becken von Karaviran, 3. die Reinigung der Tscharchambeschlucht von den hineingeschwemmten Geröllmassen und 4. die Erbauung eines Systems von Zubringe-, Verteilungs- und Abflußkanälen in der Fläche zu beiden Seiten der Eisenbahn. Vorläufig ist dort für die Bewässerung ein Areal von ca. 46 000 Hektar in Aussicht genommen. Zusammen mit dem in der Gegend bereits erzeugten Getreide hofft man durch die Ausführung des Bewässerungsplanes die jährlichen Frachten von Konia zum Bosporus auf 20 000 Waggons jährlich steigern zu können. Vielleicht ist das eine etwas optimistische Rechnung, aber wenn es hernach auch etwas weniger Waggons sein sollten, so wird die Vermehrung der Frachten in jedem Falle das finanzielle Betriebsergcbnis auf der sogenannten Konialinie der anatolischen Bahn günstiger gestalten. Dazu kommt die Verbesserung in der Verproviantierung von Konstantinopel mit einheimischem türkischen Getreide, die Vermehrung der Bevölkerung und die Erhöhung der Staatseinkünfte. Besitzerin des zu bewässernden Landes ist im wesentlichen die türkische Regierung. Die Regierung will auch, wenn alles fertig ist, die Ansiedlung von Bauern im Bewässerungsgebiet vornehmen, und in ihrem Auftrage werden die Arbeiten durch eine besondere, unter Leitung der Deutschen Bank stehende Gesellschaft ausgeführt. Der Kostenanschlag beläuft sich auf ca. 20 Millionen Franken.

Wenn man den Umfang des Projekts damit vergleicht, was im Gebiet von Bagdad, dem alten babylonischen Alluvialland, geschehen soll, und selbst mit den Projekten in der cilicischen Ebene, so scheint es sich nicht um eine besonders große Arbeit zu handeln. Nachdem aber seit Jahrzehnten von der Wiedereinführung der alten Bewässerungskultur im türkischen Orient die Rede gewesen ist, hat hier zum erstenmal ein solches Projekt wirklich das Stadium der bloßen Erwägungen und Vorbereitungen überwunden und ist in der Ausführung begriffen. Es ist kaum zu viel gesagt, wenn allerseits darauf hingewiesen wird, daß der Erfolg der Arbeiten von Beyschehir und Tschumra wahrscheinlich auf längere Zeit hinaus von entscheidender Vorbedeutung für viele andre ähnliche Pläne sein wird. Daran, daß die Sache technisch zu machen ist, kann natürlich nicht gezweifelt werden. Wie sich herausgestellt hat und wie ich bei meinem Besuch an den verschiedenen Arbeitsstellen in der Nähe von Tschumra auch selbst bestätigt sah, hat man es schon in früherer Zeit mit Erfolg versucht, das Wasser von Beyschehir in die Koniaebene zu bringen. Die Ingenieure erzählten mir, daß im Karaviranbecken sogar die Spuren dreier verschiedener Arbeitsepochen sichtbar seien. Es haben sich dort Reste von künstlichen Verschlüssen in den Schlünden gefunden, durch die das Wasser unterirdisch abfließt, und außerdem hat früher einmal ein Damm die Bucht des Karaviransees, wo der unterirdische Abfluß stattfindet, von der übrigen Fläche des Sees abgesperrt; mindestens ist versucht worden, einen solchen Damm aufzuschütten. Das letzte Experiment vor den gegenwärtigen Arbeiten, gleichfalls ein Umgehungskanal, ist verunglückt. Die Rinne um den Karaviransee war schon zum größten Teil ausgehoben, als bemerkt worden sein muß, daß man viel zu tief hinabgeraten war, um noch im richtigen Niveau auf die Tscharchambeschlucht zu treffen; danach ist jene Arbeit, die, nach dem scheinbaren Alter ihrer Spuren zu schließen, kaum vor sehr langer Zeit unternommen worden sein kann, liegengeblieben. Daß in irgendwelcher Vorzeit ausgiebige Wassermengen, sei es auf natürlichem, sei es auf künstlichem Wege, aus dem See von Beyschehir in die Ebene gelangt sind, würde allein schon daraus hervorgehen, daß sich hier verschiedene recht große, alte Siedelungshügel (arabisch Tell, türkisch Hujuk) befinden. Die

Städte, deren einstiges Vorhandensein derartige Tells jedesmal bezeugen, hätten nie existieren können, wenn ihre Bewohner nicht die Ebene in bedeutendem Umfange bewässert hätten. Die Reste einer schönen, alten Mauer aus Quadern, die nichts andres gewesen sein kann, als die Basis eines großen antiken Stauwerkes, und zwar fast genau an derselben Stelle, wo der jetzige Hauptverteilungsdamm für das Wasser erbaut wird, habe ich außerdem selbst noch gesehen. Sie wurden gerade von Arbeitern weggesprengt, um Platz für das neue Kanalwerk zu machen. Nun kommt es aber darauf an, wie groß sich die Unterhaltungskosten und der materielle Gewinn für die Regierung als die eigentliche Unternehmerin des Ganzen und für die Bauern als die Pächter des Wassers herausstellen wird. In dieser Beziehung sind moderne Erfahrungen in ähnlichem Umfange im Orient bisher noch nicht gemacht worden. Das große Nilstauwerk bei Assuan in Oberägypten kann deshalb nicht zum Vergleich herangezogen werden, weil es sich um ganz andersartige Verhältnisse und um eine mit unbeschränkten Mitteln in direkter staatlicher Regie ausgeführte Sache handelt. Am ähnlichsten liegen die Verhältnisse noch am Murghab in der Oase von Merw im russischen Turkestan, wo die Russen versucht haben, den alten Damm Sultan-Bend, der die Bewässerung von Merw im Altertum und im Mittelalter regelte, mit den Mitteln der heutigen Technik wiederherzustellen. Dieser Versuch ist gescheitert. Die russischen Ingenieure sind nicht imstande gewesen, mit Zement, Beton, Quadermauerwerk und Maschinen das zu erreichen, was die einheimischen Wasserbaumeister vor Jahrhunderten und Jahrtausenden erreicht haben. Was am Murghab schließlich, nachdem viele Millionen verloren waren, zustande gebracht wurde, ist etwas viel Kleineres, als was ursprünglich geplant war, und dem entspricht auch die mäßige daraufhin in Kultur genommene Fläche. Der Murghab, der die russischen Dammbauten mit seinem Hochwasser zerstört hat, ist aber ein sehr viel größerer Fluß, als der Ablauf des Beyschehirsees je werden kann. Das große Seebecken wird auch bei den stärksten Regengüssen immer einen genügenden regulierenden Einfluß ausüben. Stellt sich also über Jahr und Tag heraus, daß die finanzielle wirtschaftliche Kalkulation bei der Bewässerung von Tschumra richtig war, so wird die sichere Folge die Vornahme solcher Arbeiten noch an vielen andern Stellen sein, wo die Verhältnisse ähnlich liegen. Dann kann noch sehr viel Weizen an Orten, wo es jetzt nichts gibt als dürres Erdreich, aus Anatolien herausgeholt werden!

Zwei Punkte, auf die etwas skeptischere Stimmen mit Bedenken hinweisen, sind übrigens die vermehrte Malariagefahr in der Ebene infolge der Bewässerung und die Schwierigkeit, die glücklich gewonnenen 46 000 Hektar Weizenland schnell ausgiebig mit Arbeitskräften zu versehen, d. h. zu besiedeln. Was das Fieber betrifft, so braucht man diese Furcht wohl nicht weiter tragisch zu nehmen. Erstens kann durch geeignete Maßnahmen stark vorgebeugt werden, und zweitens würde es ja, wenn diese Sorge ausschlaggebend wäre, in keinem einzigen andern Gebiet mit vorherrschender Bewässerungskultur (man denke an Ägypten, Nordwestindien und Turkestan und an die Reisfelder in Japan und China!) eine gesunde und leistungsfähige Bevölkerung geben. Die andere Frage ist vielleicht etwas ernsthafter. Zur Bebauung von 46 000 Hektar Land sind sicher mehrere tausend Familien nötig. Gerade das Vilajet von Konia ist aber wegen seines Mangels an Kulturland sehr schwach bevölkert, und überflüssige Hände gibt es eigentlich in Anatolien kaum. Man wird daher wohl die Ansiedlungsbedingungen so vorteilhaft gestalten müssen, daß auch von weiterher Zuzug von türkischen Untertanen erfolgt. An andere Elemente als solche ist natürlich nicht im entferntesten zu denken.

Ähnlich wie am See von Beyschehir und in der Koniaebene liegen die Verhältnisse in kleinerem Maßstabe noch an mehreren anderen Punkten Kleinasiens. Bis zum Abschluß der Arbeiten bei Tschumra, die ich im Sommer 1909 besucht habe, wird es wie gesagt noch mehrere Jahre dauern. Ihr günstiger Fortgang hat aber bereits eine wichtige Folge gehabt: die türkische Regierung hat dieselbe Gesellschaft, die anatolische Bahn, mit der Ausarbeitung eines bedeutend größeren Projekts beauftragt: *der Bewässerung der cilicischen Ebene*. Diese war im Altertum ein sehr wichtiges Kulturgebiet, ein Babylonien oder Ägypten im Kleinen. In Cilicien beruht die Bestellung des Bodens im wesentlichen auf künstlicher Bewässerung, aber im Gegensatz zu dem wasserarmen anatolischen Hochlande ist das Land hier sehr wasserreich. Es ist durchweg Schwemmboden, ein Produkt der vom Taurus und Antitaurus mit starker Sedimentführung herabkommenden Flüsse, und die Schneeschmelze im Hochgebirge bedingt, daß die Flüsse auch während der heißen Jahreszeit viel Wasser haben.

Eine Denkschrift des türkischen Ministeriums der öffentlichen Arbeiten vom Jahre 1909[2], die ein ziemlich ausführliches Programm aller geplanten Eisenbahnbauten und sonstiger Kulturarbeiten enthält, schreibt hierüber:

»Die Ebene von Adana, von Mersina bis nach Sis, ist eine Fläche von fabelhafter Fruchtbarkeit; sie eignet sich aufs beste zu den verschiedensten Kulturen, besonders für Zerealien und, was noch wichtiger ist, für Baumwolle. Drei bedeutende Flüsse bewässern die Ebene: der Berdan oder Tarsus-Tschai (Kydnus), der Adana-Tschai oder Seihun (Sarus) und der Dschihan (Pyramus). Die Wasserführung dieser Flüsse ist bedeutend. Sie reicht, scheint es, während der Trockenzeit im September und Oktober aus, um den Bedarf einer rationellen Bewässerung zu befriedigen, während im Frühjahr die Wassermenge so groß ist, daß für die Ernte schädliche Überschwemmungen entstehen. Es handelt sich also um Arbeiten für Bewässerung und Eindeichung, sowie um die Austrocknung von sumpfigen Gegenden. Das hiervon betroffene Areal ist in der Ebene von Sis 1,1

Millionen Dönum groß und in der Ebene von Adana 2,2 Millionen Dönum, zusammen 3,3 Millionen Dönum.«

Ein Dönum ist ca. 0,09 Hektar groß. Die in der türkischen offiziellen Denkschrift angegebene Fläche von 3,3 Millionen Dönum entspricht also einem Gesamtareal von rund 300 000 Hektar für Kulturzwecke gewinnbaren Landes. Die Ausgaben für die hierfür notwendigen Arbeiten werden in der Denkschrift auf zwei Millionen türk. Pfund, also nahezu vierzig Millionen Mark geschätzt. Sie werden sich aber gut rentieren, denn die Landfläche, die für Kulturzwecke gewonnen werden soll, wird voraussichtlich zum großen Teil unter ein sehr hochwertiges Produkt kommen: unter Baumwolle. Die cilicische Ebene ist schon in ihrem heutigen mangelhaft bewässerten Zustande das wichtigste Anbaugebiet für Baumwolle im ganzen westlichen Asien. Im Altertum lag das Zentrum der Baumwollkultur etwas weiter südöstlich, im nördlichen Syrien, also einer Landschaft, die gleichfalls von der Trace der Bagdadbahn mitten durchschnitten wird. Dort liegen zwischen Aleppo und Biredschik die Ruinen der antiken Stadt Hierapolis oder Bambyke, nach der die Baumwolle im Griechischen und Lateinischen (Bombyx) sowie im Arabischen und Türkischen (Bambuk) genannt ist. Im Altertum galten baumwollene Gewebe als eine Art Luxus und waren teurer als Wolle oder Leinen. Immerhin spielten sie, namentlich im Zusammenhange mit der blühenden syrischen Färberei, in der antiken Industrie eine bedeutende Rolle. Die feinsten und teuersten Baumwollstoffe kamen aus Indien und man nannte diese »gangetischen« (vom Ganges) Musseline, um ihre Feinheit zu bezeichnen, »gewebten Wind«. Aus Indien oder Turkestan ist die Baumwollkultur in größerem Maßstabe wohl erst im Gefolge der Feldzüge Alexanders des Großen nach Syrien gelangt. In früheren Zeiten galt sie in Westasien als so wertvoll, daß der Verfasser des 1. Buches Mosis (Kap. 41, Vers 42) erzählt, der Pharao von Ägypten habe Joseph mit einem baumwollenen Gewande (Byssus) bekleiden lassen. Auch die letzten Erben der alten Kultur Vorderasiens, die Araber, pflegten den Baumwollbau. Das hauptsächliche Anbaugebiet befand sich während des ganzen Mittelalters in Syrien und Mesopotamien, und der Mittelpunkt der Baumwollindustrie war damals Mossul am Tigris. Von dort gingen die Gewebe, nach ihrem Herstellungsort Musseline genannt, mit Kamelkarawanen nach den syrischen und ägyptischen Handelsstädten und gelangten schließlich als besondere Kostbarkeiten nach dem Abendland.

Auf das Baumwollgebiet richten sich auch ganz besonders die wirtschaftlichen Meliorationspläne der türkischen Regierung. Im Vilajet von Adana, d. h. in Cilicien, betrug die Baumwollernte:

1904/05   45 500 Ballen (zu 200 kg)

1905/06	50 600	„
1906/07	56 000	„
1907/08	60 400	„
1908/09	76 400	„
1909/10	59 400	„
1910/11	85 000	„ (geschätzt).

Die cilicische Produktionsziffer von 1905/06 bis 1907/08 betrug also im Durchschnitt ungefähr zehn Prozent der Gesamtproduktion im russischen Turkestan, die ihrerseits ein Fünfundzwanzigstel der Weltproduktion an Baumwolle ausmacht. 1908/09 wäre die Baumwollernte in Cilicien bereits erheblich größer ausgefallen, wenn nicht besonders heiße und trockene Winde aufgetreten wären. 1909 fanden im Vilajet Adana die großen Armeniermassakers statt, und da die armenischen Bauern auf dem flachen Lande ermordet wurden und es hernach an Händen zur Einbringung der Ernte fehlte, so zeigte die Saison 1909/10 ein starkes Herabgehen der Produktion, 59 400 Ballen gegen 76 400 Ballen im Jahre vorher. Für 1910/11 schätzt die Direktion der Deutsch-Levantinischen Baumwollgesellschaft in Dresden die zu erwartende Ernte auf ca. 85 000 Ballen. Die Ertragsquote für den Hektar Baumwolleland kann, wie es heißt, in Cilicien ebenso hoch angenommen werden, wie in Ägypten, d. h. auf nahezu zwei Ballen. Natürlich ist es nicht denkbar, daß die ganzen 300 000 Hektar, von denen die Denkschrift der türkischen Regierung berichtet, nach Durchführung des Bewässerungssystems ausschließlich mit Baumwolle bepflanzt werden. Selbst aber wenn es nur mit einem Drittel oder mit der Hälfte des gewonnenen Areals geschehen sollte, so würde die jetzige Jahresernte auf das Vierfache bis Sechsfache steigen. Damit erhielte allein die cilicische Baumwollproduktion ein nicht zu unterschätzendes Gewicht für die Regulierung der Weltmarktpreise und für die Versorgung der deutschen Industrie. An dem cilicischen Projekt und an der Übertragung der Vorarbeiten an die anatolische Bahngesellschaft zeigt sich übrigens deutlich der Einfluß des neuen Regimes in der Türkei auf den Fortschritt der Kultur. Eine Frage ist nur, ob es möglich sein wird, die von Natur vorhandenen Aussichten voll zu verwirklichen, ohne der sehr schwierigen Ansiedlungsfrage näherzutreten. Mit der Baumwolle steht es hier gegenüber dem Getreidebau insofern etwas besser, als sie in höherem Grade Saisonarbeit bedingt. Am meisten Hände sind zur Ernte nötig, und für diese kommen schon jetzt Wanderarbeiter, in erster Linie Kurden, in ziemlicher Menge aus dem Gebirge herab. Hoffentlich wird man auf diese Kräfte in

Zukunft noch stärker zurückgreifen können als heute. Gesund ist die cilicische Ebene nicht, denn wegen ihres Reichtums an Wasser leidet sie recht stark unter der Malariagefahr.

Im Vilajet Aleppo ist die Baumwollkultur vorläufig noch gering; es werden nicht mehr als im Durchschnitt 8000 bis 10 000 Ballen jährlich erzeugt. Hier erfolgt der Anbau überwiegend auf Regen, und die Hauptgefahr, unter der die Kulturen leiden, besteht weniger in der Dürre, als in den gelegentlich auftretenden Heuschreckenschwärmen. Durch ein solches Mißgeschick kann es mitunter dahin kommen, daß die Ernte eines ganzen Jahres ausfällt, namentlich solange nur kleine Parzellen mit Baumwolle bestellt sind. Wenn erst die Eisenbahn die weiten Flächen zwischen Aleppo und dem Euphrat, die Region des alten Bambyke, erreicht hat, so werden sich natürlich auch diese Voraussetzungen ändern. Sobald Hunderttausende von Hektaren angebaut sind, können Heuschrecken zwar Verluste, aber kaum noch einen vollständigen Ausfall der Ernte verursachen.

Unter den wirtschaftlichen Zukunftsaussichten im Gebiet der Bagdadbahn muß auch die Bedeutung der Petroleumlager jenseits des Tigris erwähnt werden. Von ihnen ist aber schon im zweiten Kapitel die Rede gewesen. Genauer auf sie einzugehen und weiterblickende Erwägungen anzustellen, ist solange nicht möglich, wie keine Bohrungen und sonstige systematische Untersuchungen angestellt sind. Wir bemerkten bereits, daß es leider den Anschein hat, als ob auch hier wieder fremder Unternehmungsgeist und fremdes Kapital mutiger und mehr vorausblickend sind, als die deutschen »führenden« Kreise.

Bei weitem am wichtigsten für die Abschätzung der kommenden Entwicklung im Gefolge der Bagdadbahn sind natürlich diejenigen Gebiete, auf deren Reichtum und Volkszahl im Altertum die materielle Kultur Vorderasiens am meisten beruht hat. Dazu gehörten Kleinasien und Cilicien, ungeachtet ihrer früheren Blüte, nicht; auch Syrien kann nur bedingt dorthin gerechnet werden, denn seine Bedeutung war mehr die eines wichtigen Durchgangslandes für Handel und Verkehr, als die eines Gebietes wirtschaftlicher Urproduktion im großen Stil. Diese Rolle spielten vielmehr die Euphrat- und Tigrisländer, Mesopotamien und vor allen Dingen Babylonien. Hierbei muß betont werden, daß ihre alte Kultur im wesentlichen durchaus auf dem Ackerbau, auf dem Getreidereichtum und der hierdurch bedingten Volksdichte beruhte. Die Untersuchung darüber, *welchen Stand materieller Kulturentwicklung das heutige Bagdadbahngebiet im Altertum besessen hat,* ist daher eine der wichtigsten, die überhaupt angestellt werden können, wenn wir die Frage nach der Wiedererweckung dessen, was dort einst war, beantworten wollen. Dabei haben wir leider mit der bereits mehrfach berührten Schwierigkeit zu kämpfen, daß bei uns in Deutschland so überaus unklare Vorstellungen von den vorderasiatischen Dingen herrschen, während z. B. in England entschieden mehr Sachverständnis weiterer Kreise gerade für dieses Gebiet vorhanden ist. Vor etwa einem Jahrzehnt, als wegen des Abschlusses der Baukonzession das Thema von der Bagdadbahn zeitweilig sehr im Vordergrund der Erörterung stand, schrieb eine große und sehr angesehene Zeitung in einem Artikel: »Die wirtschaftliche Bedeutung der Bagdadbahn« wörtlich folgendes:

»Etwas genauere Beachtung beansprucht *Kleinasien* als der einstige Produzent, besonders von Getreide, um so mehr, als von beteiligter Seite bereits das Land als ein sehr gefährlicher Konkurrent unserer heimischen Landwirtschaft bezeichnet worden ist. Es soll hier gleich an erster Stelle betont werden, daß die dort zu erwartende Produktion allerdings eine sehr bedeutende sein wird, sobald das Land erst in einen Kulturzustand versetzt wird, den es *vor ca. 3000 Jahren bereits einmal eingenommen hat*, als der schwarze *Alluvialboden*, dort Sawâd genannt, durch ein Netz von beiläufig 120 000 Kanälen bewässert wurde. Noch unter persischer Herrschaft war das Land die höchst besteuerte Satrapie und selbst in der früheren Kalifenzeit vor ca. 1200 Jahren, deren Steuerfolianten uns erhalten geblieben sind, bezifferten sich die Steuererträgnisse auf ca. 235 Millionen Mark, volle zwei Dritteile der gesamten Staatseinnahmen der heutigen Türkei. Und dabei hatte damals der Verfall schon jahrhundertelang bestanden. Das Resultat, das heute durch bloße Wiederherstellung der alten Kanalisationswerke zu erzielen ist, beziffert Aloys Sprenger, ein genauer Kenner der einschlägigen Verhältnisse, in seinem Buche ›Babylonien, das reichste Land der Vorzeit‹, auf rund zwei Milliarden Mark. Berücksichtigt man dabei, daß der *schwarze Sawâd eine Ausdehnung von über 24 Millionen Hektar besitzt* – also etwa ein Gebiet *so groß wie Italien* – und daß das Land hinsichtlich der Betriebskosten die gepriesensten Vorzüge Indiens und Amerikas in sich vereinigt, so ist allerdings nicht ausgeschlossen, daß mit der Zeit ein bedeutender Rückgang der Getreidepreise zu verzeichnen sein wird und daß in diesem alten Kulturlande ein reiches und kaufkräftiges Volk emporblühen wird.«

Durch diese Ausführung zieht sich als leitendes Mißverständnis die Verwechslung von »Kleinasien« und »Sawâd«. Der Sawâd, der dunkle Alluvialboden, ist die frühere arabische Bezeichnung für das babylonische Tiefland am Unterlauf des Tigris und des Euphrat, das Kernstück des Irak oder des heutigen türkischen Vilajets von Bagdad. Kleinasien dagegen, d. h. die Halbinsel Anatolien, ist erstens kein Land mit schwarzem Alluvialboden, zweitens ist es nicht von Tausenden von Kanälen bewässert worden, und drittens war es vor 1200 Jahren nicht ein Bestandteil des arabischen, sondern des byzantinischen Reichs und zahlte seine Steuern nicht nach Bagdad, sondern nach Konstantinopel. Auch ist es nie »eine Satrapie« des persischen Reichs gewesen, und vollends nicht die höchstbesteuerte. In demselben Zeitungsartikel wird dann weiter von den »gewaltigen Petroleumquellen

Babyloniens« geredet, die das russische Erdölgebiet am Kaspischen Meer an Ergiebigkeit um das Zehnfache übertreffen sollen. Petroleumquellen sind in Babylonien nicht bekannt, und daß die weiter nördlich liegende mesopotamische Naphtha- und Asphaltzone zehnmal reicher sein soll, als die Lager von Baku, wäre interessant, wenn es bewiesen wäre. Vorläufig aber ist es reine Phantasie.

Wir müssen im Gebiet der Bagdadbahn und ganz besonders in dem mesopotamisch-babylonischen Stromlande beachten, daß es dort zwei grundverschiedene Arten von Kulturland gibt. Die eine Art ist *vom Regen bewässertes Land*; die andere bedarf zur Hervorbringung irgendwelcher Früchte in jedem Falle *künstlicher Bewässerung* vermittels fließenden Wassers. Ich habe auf vielerlei Kreuz- und Querzügen im Winter 1900/1901 mein Augenmerk hauptsächlich darauf gerichtet gehabt, festzustellen, wieweit sich im Altertum die Zone der auf Regenfall gegründeten Ackerbaukultur in Mesopotamien erstreckt hat. Ich kann für die Einzelheiten auf die Beschreibung meiner Reise in den »Preuß. Jahrb.« verweisen und gebe an dieser Stelle nur ein kurzes Resümee meiner persönlichen Studien, indem ich dabei das wesentliche von anderen neuerdings bekannt gewordenen Forschungsreisen in jenen Gebieten, die sich mit demselben Thema beschäftigen, namentlich die Veröffentlichungen des Freiherrn Max v. Oppenheim, mit meinen eigenen Erfahrungen verbinde. Unzweifelhaft ist ein viel größerer Teil Mesopotamiens, als man gewöhnlich bisher anzunehmen geneigt war, im Altertum und während des früheren Mittelalters, d. h. bis ins achte und zehnte Jahrhundert, bebaut und besiedelt gewesen, und ich habe als Resultat aller darauf verwandten Studien gefunden, daß in der *äußeren Natur seit jener Zeit keinerlei Umstände eingetreten sind, aus denen man genötigt wäre zu folgern, jene blühenden Zustände ließen sich heute nicht mehr durch geeignete Maßnahmen* herstellen. Daß diese Tatsache, die Nichtänderung des Klimas in historischer Zeit, von entscheidender Wichtigkeit für die Besiedelungs- und Kultivierungsfrage ist, braucht wohl nicht erst besonders hervorgehoben zu werden.

Während heutzutage sich nur noch eine ganz schmale Kulturzone vom Rande des iranischen Hochlandes östlich Mossul längs des Tigris und des sogenannten Tur Abdin westwärts über den Euphrat hinüber bis nach Nordsyrien hineinzieht, eine Zone, die so schmal ist, daß sie öfters fast vollkommen von der »Wüste« unterbrochen wird, war der ganze nördliche und nordwestliche Teil Mesopotamiens, dazu das ganze im engeren Sinne assyrische Gebiet, d. h. das Dreieck zwischen dem Tigris, dem untern Sab und dem Hochlande, schon um das Jahr 1000 v. Chr. so dicht bevölkert, wie wahrscheinlich nur noch ganz wenige Teile der damals besiedelten Welt. Nur das Alluvialland am Unterlauf der großen Ströme mag schon zu jener Zeit eine noch stärkere Bevölkerung ernährt haben. Die beiden Flüsse Chabur und Belich, die heute fast von ihren Quellen an bis zur Mündung in den Euphrat durch völlig wüstes Land fließen, strömten damals auf dem größten Teil ihres Laufes durch eine breite Kulturzone, wie das zuerst Freiherr Max v. Oppenheim während seiner im Jahre 1899 unternommenen Reise durch den Nordwesten Mesopotamiens in Ergänzung zu meinen mehr nach Norden und Osten gerichteten Studien in dankenswerter Weise festgestellt hat. Ich meinerseits kann aus eigenem Augenschein berichten, daß sich vom Tur Abdin ab nach Süden sowohl in der Gegend von Veranscheher bei Urfa als auch von Nsebin aus, dem alten Nisibis, als auch endlich noch weiter ostwärts, das ganze Land weit und breit von einer solchen Menge alter Tells erfüllt zeigt, deren jeder die Lage einer antiken Stadt oder eines Dorfes bezeichnet, daß allein nach diesem Kennzeichen zu urteilen die Bevölkerung Nordmesopotamiens zur assyrischen, römischen und sassanidischen Zeit mindestens so dicht gewesen sein muß, wie die einer beliebigen Ackerbaulandschaft des damaligen Europa. Es spricht aber nicht nur dieser direkte Augenschein für die Quantität und Qualität der alten Kultur, sondern wir können überhaupt erst dann, wenn wir die Voraussetzung starker Bebauung und Bevölkerung in diesem Gebiete für das Altertum machen, die historischen Nachrichten begreifen, die wir über ihre Schicksale besitzen. Um nur eins zu nennen, so hören wir bei römischen wie bei orientalischen Schriftstellern in gleicher Weise von langen und hartnäckigen Kriegen erzählen, die seit den Zeiten der ausgehenden römischen Republik bis auf die Epoche des aufkommenden Islams hin zwischen dem römischen Reiche und den östlichen Großstaaten, Armenien, Parthien und dem sassanidischen Persien, gerade um dieses Stück von Vorderasien geführt worden sind. Man kann ohne Übertreibung sagen, daß ein halbes Jahrtausend lang wahre Ströme von Blut um die Landschaften, deren Zentren Urfa (das alte Edessa) und Nisibis sind, vergossen wurden. Vom zweiten bis ins vierte Jahrhundert hinein überwog in diesen Kriegen die Kraft des Abendlandes; danach die des Orients. Trajan eroberte Mesopotamien und der Norden des Stromlandes blieb seitdem beim Reich. Jovian, der Nachfolger des unglücklichen Julianus Apostata, mußte fast alles an die Perser abtreten, um sich von den nachdrängenden Feinden, die ihn auf dem linken Ufer des Tigris in der Gegend von Tekrit eingeschlossen hielten, um diesen Preis den Übergang zurück über den Strom und die Heimkehr mit dem Heere zu erkaufen. Von diesem für Rom so verhängnisvollen Jahre 363 an haben die Kriege zwischen den Imperatoren und den Sassaniden um Mesopotamien auch nicht während eines einzigen Menschenalters aufgehört, bis der hereinbrechende Arabersturm das persische Reich vom Erdboden hinwegfegte und die Byzantiner über den Taurus hinüber in die Defensive zurückwarf. Einen solchen Verlauf der Geschichte des Landes kann man nur verstehen, wenn man weiß oder annimmt, daß es reich und bevölkert gewesen ist. Bei dem Zustande, in dem sich Mesopotamien nach Menschenzahl, Reichtum und

Anbau heutigestags befindet, wäre es sowohl für den Besitzer, der es verteidigt, als auch für den Prätendenten, der es erstrebt, eine Torheit, soviel Blut um das Land zu vergießen, denn es ist zu mehr als neun Zehnteln eine Wüste, in der nichts wächst außer dürrem Steppenkraut, und wo noch keine Viertelmillion seßhafter Einwohner und einige Zehntausende armseliger Beduinen leben. Und dennoch bedürfte es auch heute keiner weiteren Veränderung, als der politischen Sicherheit für den Ackerbauer, damit der Pflug wiederum wie vor 1000 und 2000 und wohl auch 3000 und 4000 Jahren über die tiefgründige braune Ackererde geht und Weizensaat, Gerste und Baumwolle abermals der Ernte entgegenreifen. Ich habe Tagereisen weit in der sogenannten Wüste fern von jeder dauernden Ansiedelung kleine Stückchen Gerstensaat gefunden, die von den arabischen Nomaden angelegt werden, um etwas Kraftfutter für ihre Pferde zu bekommen. Die Leute kratzen den Boden in der primitivsten Weise auf, streuen die Gerste hinein und kommen wieder, wenn es Zeit zur Ernte ist. Das ist ein Beweis dafür, daß die Menge des jährlich fallenden Regens heute noch wie damals hinreichend ist, um Ackerbau zu ermöglichen. Aber auch wenn dieses Zeugnis nicht existierte, so müßte man es doch den Leuten im Lande glauben, die nach ihrer Erkenntnis und Erfahrung versichern, daß man Weizen und was man sonst wolle drinnen in der Wüste ganz ebensogut bauen könne, wie weiter nach Norden und Nordosten am Rande des Berglandes auch noch unter dem freilich sehr ungenügenden Schutz der schwachen türkischen Regierungs- und Militärgewalt längs der großen Verkehrsstraße von Konstantinopel nach Bagdad. Die klimatischen wie die Bodenverhältnisse sind hier wie dort dieselben. Wollte aber ein Bauer den praktischen Versuch wagen, sich beispielsweise auch nur eine halbe Stunde südwärts von dem jetzigen mit einer kleinen Garnison belegten Städtchen Nsebin in der »Wüste« anzusiedeln oder ein Stück Feld dort zu bestellen, so würden bei der ersten besten Gelegenheit die Beduinen ihn aufgreifen und zur Erpressung eines Lösegeldes gefangen mit sich fortschleppen, oder wenn nicht das, so würden sie seine Saat, bevor er sie geerntet hat, ohne Umstände für sich nehmen. Mehr aber als der Beseitigung dieser politischen Unsicherheit bedarf es nicht, um das alte Leben und den alten Segen des Landes wieder erstehen zu lassen. Die Bevölkerung, d. h. die Bauernschaft, würde mit Freuden, sobald sie nur ihres Lebens und ihres Eigentums sicher wäre, sich ausdehnen, in die Wüste hinein sich ausbreiten und Land unter den Pflug nehmen; die Dörfer würden nicht zu Dutzenden, sondern zu Hunderten in wenigen Jahren entstehen. Nur am Nordfuße der das obere Mesopotamien in westöstlicher Richtung durchziehenden Sindschargebirgskette habe ich eine mehrere Stunden breite Zone sterilen salzigen Bodens gefunden. In diesem Landstrich fehlen aber auch die bis dahin den von Norden her kommenden zu beiden Seiten bis an die Grenze des Gesichtskreises in massenhafter Menge begleitenden Tells vollständig –

ein Beweis dafür, daß die Gebiete wirklicher physischer Unfruchtbarkeit heute wie im Altertum dieselben sind. Aber nicht nur im Norden und Nordwesten des Landes, im Gebiet der vom Tur Abdin herabströmenden wasserreichen Flüsse und Bäche, deren Reichtum heute unbenutzt verbraust, hat im Altertum eine starke Kultur existiert, sondern selbst noch auf der Südseite des Sindschargebirges, wo es keine das ganze Jahr über fließenden Wasseradern oder doch nur eine einzige größere dieser Art gibt, den Fluß Tharthar, reicht der Regen noch eine Strecke weit nach Süden in die Steppe hinein aus, um dauernde menschliche Ansiedelungen zu ermöglichen. Die Menge der Tells, die man von den südlichen Vorhöhen des Sindschar aus nach Süden in der Ebene erblickt, beweist es deutlich, daß mindestens noch eine und an manchen Punkten auch zwei Tagereisen weit der Anbau in früherer Zeit dorthinein vorgedrungen war. Auch die Lage der großen und reichen Stadt Hatrae, deren Ruinen am Unterlauf des Tharthar das Staunen der Reisenden erregen, die in dieses von Europäern nur sehr selten besuchte Gebiet gelangen, beweist dasselbe. Und was soll man vollends dazu sagen, daß die Ursprungsgegend der assyrischen Kultur, das Stammgebiet des späteren Großreichs von Ninive, nicht etwa auf dem linken Tigrisufer in der wohlbewässerten und regenreichen Hügellandschaft zwischen Tigris und Sab liegt, sondern auf dem rechten. Es war Assur, heute Ruinen bei Kalat-Schergat. Man sieht daraus deutlich, daß am Ende des zweiten und zu Beginn des ersten Jahrtausends v. Chr. Geburt, wo wir zuerst von der Existenz der Stadt und des Reiches von Assur etwas hören, diese heutzutage fast vollkommen wüsten, unbevölkerten und unbebauten Bezirke eine so große Ackerbau treibende Bevölkerung ernährt haben, daß der Umfang ihrer Hauptstadt, wie die heutigen Überreste beweisen, nur um ein weniges kleiner war, als der Raum, den die Wälle der großen Weltstadt Ninive umschließen.

Alles vom Regen bewässerte Land in Mesopotamien harrt also, wie gesagt, nur des Pfluges, der es wieder unter Kultur nimmt. Anders, auf der einen Seite schwieriger, auf der andern Seite weit mehr versprechend, liegen die Dinge im Süden des Stromlandes, im alten Babylonien. Die Araber nennen das ganze Alluvialgebiet, so weit es von den Ablagerungen der Ströme und ihrer Tributäre bedeckt ist, den *Sawâd*, d. h. den dunklen, den schwarzen Boden. Etwa von der Breite der Naphthastadt Kerkuk an hört die Menge des Regenfalles auf, für den Anbau des Landes zu genügen, und die künstliche Bewässerung tritt, erst ergänzend, danach als Alleinherrscherin, an die Stelle. Vollends im eigentlichen Babylonien kann nur durch ihre Hilfe von Kultur die Rede sein.

Die Kultur der alten Babylonier beruhte durchweg auf der Kanalisation ihres Landes. Vom Euphrat und vom Tigris sowie von den westlichen, dem Iranischen Hochland entströmenden Nebenflüssen des Tigris zweigte sich eine Anzahl großer Magistralkanäle ab und bildete zunächst ein großmaschiges Netz breiter künstlicher Wasseradern. Die Hauptlinien dieser alten Kanäle erster Ordnung sind heute noch ausnahmslos teils erhalten, teils in ihrem Lauf mit hinreichender Deutlichkeit zu verfolgen; nur an einigen wenigen Stellen sind sie auch noch, wenn auch in sehr bescheidenem Maße, in Funktion. Man könnte auch gegenwärtig nichts Klügeres und Besseres tun, als im wesentlichen das alte Netz wieder herzustellen. Allerdings müßte man dabei mindestens für die erste Zeit der Wiederkultivierung des Landes darauf verzichten, es in seinem ganzen Umfang wieder für den Anbau zu gewinnen. Gut zwei Drittel seines Areals sind durch die über ein Jahrtausend während Vernachlässigung in einen Zustand versetzt worden, der so kostspielige und weitausgreifende Anlagen zur Beseitigung des herrschenden Übels erfordern würde, daß davon noch auf lange hinaus wird abgesehen werden müssen. Sowohl der Euphrat als auch der Tigris sind so geartet, daß sie im Frühling alljährlich zur Zeit ihres Hochwassers das ganze Land an ihrem Unterlauf weit und breit überschwemmen und dabei eine Menge Sedimente zurücklassen. Diese Schlammablagerungen sind an den Rändern des Strombettes am stärksten, und daher kommt es, daß sich zu beiden Seiten des Wasserlaufes eine Erhöhung der Anschwemmungen, ähnlich einem breiten flachen Damme bildet, so daß das umliegende Land in weiterer Entfernung schließlich selbst tiefer zu liegen kommt, als der Stromspiegel selbst. Bei diesem Sachverhalt kommt alles darauf an, durch ein umsichtig angelegtes und unausgesetzt überwachtes und erhaltenes System von Dämmen, Wasserdurchlässen und Schleusen die namentlich zur Frühjahrszeit rasch und reißend strömenden Wassermassen unter Kontrolle zu behalten. Es müßten jederzeit große Menschenmengen auf einen Wink von leitender Stelle bereit stehen, um an einem gefährdeten Punkt in größtmöglicher Eile die nötigen Arbeiten, sei es öffnender, sei es schließender Natur, vorzunehmen. Zur Zeit Alt-Babylons, wohl auch zur früheren persischen und sicher zur sassanidischen Zeit, funktionierten diese Anlagen gut. Nach der arabischen Eroberung verfielen sie aber und es bildeten sich teils Trockensteppen, teils Sümpfe.

Für die Wiederherstellungsarbeiten wäre an folgende Gegenden zunächst zu denken: 1. Das Zwischenstromland von Feludscha bis zu den Ruinen von Kufa am Euphrat, von Samarra bis Kut el-Amara am Tigris. 2. Das Land auf dem linken Tigrisufer von Tekrit bis Bagdad. 3. Der alte Nihrawanbezirk zwischen dem Nahr Adhem, dem östlichen Gebirge und dem Tigrislauf bis Kut el-Amara, in früherer Zeit hauptsächlich das Bewässerungsgebiet der Dijala. Innerhalb dieser drei Regionen sind selbst heute noch hier und da größere Überreste der einstigen Bodenbebauung vorhanden; hier läßt sich das Kanalnetz, das sich Jahrtausende hindurch bewährt hatte, bevor es in Verfall geriet, überall noch in seinen Spuren verfolgen, ja was an funktionierenden künstlichen Wasserläufen überhaupt noch vorhanden ist (wie klein und dürftig waren aber die wasserführenden Adern, über die ich zwischen Bagdad und Babylon gefahren bin!), das verläuft in den alten Betten; hier endlich spielt die Frage der Uferbefestigung und Laufregulierung bei den Strömen selbst noch nicht entfernt die Rolle, wie weiter unterhalb. Es handelt sich innerhalb des umschriebenen Gebietes um sechs oder sieben große Magistralkanäle, die in ihrer Richtung und Anlage allesamt noch wohl erkennbar, teilweise auch an ihren Ausgangspunkten sogar noch wasserführend sind, nämlich 1. der Isakanal, 2. der Sarsarkanal; diese beginnen beide nicht weit von dem heutigen Örtchen Feludscha am Euphrat und mündeten unterhalb Bagdad nahe beieinander in den Tigris, 3. der mächtige Nahar Malka oder Königskanal, der unterhalb Feludscha sich aus dem Euphrat abzweigt und früher die Hälfte des Euphratwassers in südöstlicher Richtung direkt auf Seleukia-Ktesiphon zu und dort in den Tigris führte, 4. der Nilkanal, der oberhalb Babylons beginnt und in früherer Zeit einen Arm gleichfalls nach Seleukia, einen anderen nach der Gegend von Kut el-Amara entsandte. Diese vier Kanäle mit ihren Verzweigungen bildeten das nordbabylonische Zwischenstromsystem. 5. Das große Nihrawansystem, dessen Hauptadern das Wasser der Dijala über das ganze Gebiet zwischen Bagdad, Kut el-Amara und dem Gebirge verteilten. Ein besonders breiter und schiffbarer Arm mündete gerade gegenüber dem Ausfluß des nördlichen Zweiges des Nilkanals bei Seleukia-Ktesiphon und stellte auf diese Weise eine ununterbrochene direkte Wasserverbindung für den Gütertransport vom Ausgang der medischen Pässe bis nach Babylon und Kufa samt allen Landschaften am unteren Euphrat her; ebenso auch in umgekehrter Richtung. 6. Der Katulkanal – von einem Punkte etwas unterhalb Tekrit am Tigris in südöstlicher Richtung, den Nahr Adhem schneidend, zur Dijala, die östlichen Uferbezirke des Tigris mit Wasser aus dem Strome speisend.

Über den Umfang des babylonischen Kulturlandes im Altertum ist es aus dem Grunde nicht leicht, zahlenmäßige Angaben zu machen, weil noch keine genügenden Untersuchungen darüber angestellt sind, wieweit sich die Überreste der früheren Besiedlung, die sogenannten Tells, namentlich nach Osten und Westen gegen die arabische Wüste und gegen das iranische Hochland zu ausdehnen. Auf jeden Fall viel zu groß ist die arabische, von Sprenger in seinem Buche über Babylonien als das reichste Land der Vorzeit übernommene Angabe, der Sawâd sei, nach modernem Flächenmaß, 24 Millionen Hektar, 240 000 Quadratkilometer, groß gewesen. Die Wiedergabe jener alten Berechnung durch Sprenger ist längere Zeit hindurch, auf Sprengers Autorität hin, ohne Nachprüfung übernommen worden, so anfangs auch von mir, bis Hermann Wagner auf Grund einer genauen Oberflächenberechnung nachwies, daß die Vorstellung von 240 000 Quadratkilometer weit übertrieben war. Wenn man alles Land, das aus dem Euphrat, dem Tigris und dessen Nebenflüssen den Höhenverhältnissen nach

Wasser zugeleitet erhalten *kann*, in Betracht zieht, so muß man die 240 000 Hektar fast auf die Hälfte reduzieren, und wenn man sich auf diejenigen Flächen beschränkt, wo die Bewässerung unter den heutigen Verhältnissen der Strömung praktisch mit Vorteil erfolgen kann, so muß man noch weiter heruntergehen. Willcocks, die erste Autorität auf diesem Gebiet, berechnet Babylonien zwischen und unmittelbar neben den Strömen auf 5,6 Millionen Hektar. Aus dieser Gesamtsumme der Ländereien sondert er aber die Hälfte, 2,8 Millionen Hektar, als vorzugsweise geeignet aus, und für den Augenblick beschränkt er sein Programm sogar auf ein noch kleineres Areal: ca. 1,3 Millionen Hektar. Die türkische Regierung hat ihm noch unter dem alten Regime die Ausarbeitung eines genauen Planes für die Wiederherstellung der alten Bewässerung im Irak aufgetragen und ihm die Leitung der zu Ausführung gelangenden Arbeiten zugesagt. Über seine Pläne hat er einen kurzen aber inhaltreichen Bericht an das Gouvernement in Konstantinopel eingereicht, der in der bereits erwähnten Denkschrift des türkischen Ministeriums der öffentlichen Arbeiten über Eisenbahnbauten und Kulturarbeiten vom Jahre 1909 publiziert ist (französisch). Etwas später, am 15. November 1909, entwickelte Willcocks seine Ansichten auch in einem Vortrag in der Königlich Geographischen Gesellschaft in London. Er ist gedruckt im Januarheft 1910 des »Geographical Journal« der Gesellschaft. K. Ch. Christiansen hat im Septemberheft der Hettnerschen Geographischen Zeitschrift, 1910, einen Artikel über die künstlichen Bewässerungspläne Babyloniens publiziert, der das Wesentliche der Willcocksschen Pläne wiedergibt.

Auch für Willcocks handelt es sich im Prinzip um die Wiederherstellung des früheren Zustandes innerhalb des antiken Kulturgebiets. Ursprünglich nahm er sogar ziemlich genau die oben unter Nr. 1-6 aufgezählten alten Kanäle in Aussicht. In dem Vortrag in der Geographischen Gesellschaft in London, den wir oben erwähnten, und der anscheinend seine jetzigen Ansichten wiedergibt, findet sich allerdings ein bemerkenswerter Wechsel vollzogen, und auch die Karte, die dem Januarheft des Geographical Journal 1910 beigegeben ist, zeigt, daß Willcocks die Wiederherstellung gerade des berühmten Nihrawânkanals, der vom Unterlauf der Dijala abzweigte und einen großen Teil des Landes zwischen dem Gebirge und dem linken Tigrisufer bewässerte, aufgegeben hat. Auch sonst fällt an dieser Karte auf, daß sie in verschiedenen Stücken nicht mit der offiziellen Denkschrift stimmt, die Willcocks der türkischen Regierung überreicht hat. Nach dieser sollen z. B. 2000 Quadratkilometer durch Entwässerung des Sumpfgebiets von Kurna gewonnen werden, wo ein Teil des Euphratwassers sich mit dem Tigris vereinigt. Die zum Londoner Vortrag gehörige Karte zeigt hier nichts von Bewässerungsplänen.

Die noch ausstehende genauere Durchforschung der alten Ruinengebiete namentlich östlich vom Tigris und südlich vom Euphratunterlauf wird uns möglicherweise noch wichtige Erkenntnisse über die dort einstmals vorhandene Ausdehnung des Kulturgebiets bringen. Von viel größerer Bedeutung, als die Frage nach dem räumlichen Umfang des alluvialen auf Bewässerung angewiesenen Kulturlandes im Altertum und dementsprechend nach der Größe der jetzt wiederzugewinnenden Flächen ist aber die andere: welches die wirtschaftliche Leistungsfähigkeit Babyloniens und des späteren Irak während der verschiedenen kulturellen Blüteperioden des Landes gewesen ist? Nach dieser Richtung hin unterliegt es gar keinem Zweifel, daß die Gebiete am Unterlauf des Euphrat und Tigris in bezug auf Volkszahl, Wohlhabenheit und Steuerkraft immer den Schwerpunkt Vorderasiens gebildet haben, solange und so oft hier Großstaaten existiert haben, d. h. von der babylonisch-assyrischen Zeit bis zum Niedergang des arabischen Kalifats um die Wende des ersten zum zweiten Jahrtausend. Quellenmäßig und zahlenmäßig beweisen kann man diesen Satz für die Zeit des alten persischen, des sassanidischen und des arabischen Reiches; indirekt erschließen läßt er sich auch für die davor- und dazwischenliegenden Epochen. Es scheint, daß der Sawâd, d. h. das ganze Alluvium außerhalb und innerhalb der vom Unterlauf der beiden Ströme eingeschlossenen Region, den höchsten Stand der Kultur in der zweiten Hälfte der Sassanidenherrschaft, im sechsten Jahrhundert n. Chr., erreicht hat. Schon aus viel früherer Zeit ist aber bekannt, daß im alten persischen Reich, unter Darius I., das Euphrat- und Tigrisland eine höhere Steuerfähigkeit besaß, als Ägypten. Von dieser Tatsache muß stets ausgegangen werden, wenn wir uns ein Bild davon machen wollen, bis zu welcher Höhe der Entwicklung das Irak durch Wiederherstellung des Bewässerungssystems gebracht werden kann, und ihr Gewicht wird dadurch noch bestimmter und zuverlässiger, daß sich fast eineinhalb Jahrtausende später unter den Kalifen, die zum ersten Male seit den alten persischen Königen wiederum Babylonien und Ägypten gleichzeitig beherrschten, ein ähnliches Verhältnis in der Steuerkraft der beiden Länder wiederholt. Babylonien und Assyrien, die im alten Perserreiche zusammen eine Provinz bildeten, zahlten 1000 Talente in den Königsschatz und unterhielten den Hof während eines Drittels des Jahres. Wie das Verhältnis zwischen den Leistungen Babyloniens, d. h. des alluvialen Bewässerungsgebiets, und Assyriens, d. h. der vom Regen getränkten Landschaft im Norden gewesen ist, wird sich nicht mehr ermitteln lassen, aber jedenfalls ist bei weitem der größere Teil auf Babylonien entfallen. Die Leistung Ägyptens unter Darius I. betrug 700 Talente an Steuern für den König und außerdem den Unterhalt für die persische Garnison in der Festung von Memphis. Auf jeden Fall war sie also die erheblich geringere. Unter Harun al Raschid zahlte Ägypten ca. 65 Millionen Dirhem, Babylonien dagegen 135 Millionen. Das Verhältnis ist also wieder ein ganz ähnliches.

Unmöglich kann das Zufall sein, sondern es muß sich darin die tatsächliche, im Laufe der Jahrhunderte im Verhältnis annähernd gleichbleibende Verschiedenheit in der Steuerkraft der beiden Provinzen ausdrücken. Von dieser aber dürfen wir wiederum auf die Bevölkerung und auf den Umfang der Anbaufläche zurückschließen. Die äußeren Verhältnisse der Kultur waren und sind am Tigris und Euphrat wie am Nil nahe miteinander verwandt, und die Grundsteuer muß früher wie heute den Hauptbestandteil der von der Regierung erhobenen Abgaben gebildet haben. Man wird es daher nach den ausführlichen Untersuchungen Wagners[3] zwar ohne weiteres zugeben müssen, daß die Zahlen, die aus der sassanidischen Zeit für die Anbaufläche und den Grundsteueretat überliefert sind, teils falsch, teils nicht verwertbar sind, aber das Verhältnis zu Ägypten bleibt bestehen und ist historisch einwandfrei bezeugt. Wenn also Wagner meint, daß 2-2½ Millionen Hektar das Maximum der Fläche darstellten, die in ganz Babylonien je gleichzeitig bebaut gewesen sei, so kann das schon aus dem Grunde nicht gut angenommen werden, weil der in Ägypten unter Kultur befindliche Boden noch ein etwas größeres Areal repräsentiert. Wir haben überdies aus früherer Zeit eine Angabe, mit der auch vom kritischen Standpunkt aus etwas anzufangen ist und die außerdem gut mit den modernen von Willcocks herrührenden Berechnungen stimmt. Es heißt nämlich in den arabischen Quellen, daß zur Zeit des Kalifen Omar (634-644), der das sassanidische Reich eroberte, die Ländereien des Sawâd vermessen worden seien, und das Ergebnis habe für das kultivierte Land 36 Millionen Djarîb betragen. In heutiges Flächenmaß umgerechnet bedeutet das soviel wie etwa 5 Millionen Hektar. Willcocks gibt in dem bereits mehrfach erwähnten Bericht an die türkische Regierung, wie wir sahen, drei verschiedene Zahlen: 1,3 Millionen Hektar für die unmittelbar in Angriff zu nehmenden Arbeiten, 2,6 Millionen für die mit etwas längerer Frist zu beginnende, und 5,6 Millionen Hektar für ganz Babylonien, worunter er aber immer nur die Gebiete unmittelbar zwischen und neben den Strömen versteht, das, was er das »Delta« des Euphrat und Tigris nennt; nicht den ganzen von den Arabern sogenannten Sawâd zwischen der Wüste im Westen und dem iranischen Randgebirge im Osten. Dieses ganze Gebiet berechnet Wagner auf ca. 10 Millionen Hektar. In seinem Vortrag sagt Willcocks (Geogr. Journ., Seite 9-11), das »Delta« der beiden Flüsse sei 12 Millionen acres groß, wovon ca. 9 Millionen Wüste, d. h. zurzeit unbewässerte Steppe und 2,5 Millionen Süßwassersümpfe. Der Rest entfiele demnach auf das gegenwärtig kultivierte Land. *Ohne Zuhilfenahme von Reservoiren*, d. h. Vorratsbecken, in denen der Überfluß der Hochwasserzeit aufbewahrt werden kann, sagt Willcocks weiter, könne man von diesem sogenannten Delta 6 Millionen acres auf Wintersaaten und 3 Millionen auf Sommersaaten rechnen. 9 Millionen acres sind ca. 3,6 Millionen Hektar. Etwas weiter heißt es, daß mit Hilfe des projektierten Hauptkanals, der zwischen Tigris und

Euphrat laufen soll, 3 Millionen acres (1,2 Millionen Hektar) besten Landes bewässert werden sollen. In Zukunft, jetzt allerdings noch nicht, werde dieser eine Kanal, der am See von Akkar Kuf nordwestlich von Bagdad beginnen und in den Schatt el Hai kurz vor dessen Vereinigung mit dem Euphrat münden soll, 6 Millionen acres (2,4 Millionen Hektar) bewässern. Diese Ziffer fällt natürlich in die oben genannten 9 Millionen acres hinein. Nimmt man zu diesen Angaben von Willcocks diejenigen Teile des Sawâds hinzu, die er nicht berücksichtigt, und außerdem das jetzt noch kultivierte Land, so kommt man reichlich auf die 5 Millionen Hektar Kulturland, die es unter Omar im Sawâd gegeben haben soll.

Willcocks sagt in seinem Vortrag, daß man von den fürs erste zu gewinnenden 1,2 Millionen Hektar auf eine jährliche Produktion von 1 Million Tonnen Weizen und 2 Millionen Zentner (400 000 Ballen) Baumwolle würde rechnen können. Unter Zugrundelegung der für später von Willcocks in Aussicht genommenen Verdreifachung des zu bewässernden Areals, ferner der Ländereien westlich des Tigris und der jetzt bereits kultivierten Flächen, käme man also für die Zukunft auf mehrere Millionen Tonnen Weizen und auf mehr als eine Million Ballen Baumwolle als Gesamtproduktion des Landes. Im Altertum hat Baumwolle, wenn überhaupt eine, so jedenfalls keine bedeutende Rolle in der Kultur Babyloniens gespielt; was nicht von Gärten und Palmpflanzungen eingenommen war, stand unter Weizen und Gerste. Wenn wir auf Grund der Willcocksschen Daten, unter Einsetzung von Getreide statt Baumwolle, 6 Millionen Tonnen Korn als durchschnittliche Jahresrente von ganz Babylonien im Altertum annehmen, so wird diese Rechnung nicht zu hoch sein. Wir wissen, daß unter Chosru I. (531-578 n. Chr.) das Kafiz Mischkorn (halb Weizen, halb Gerste) 3 Mithkal Silber kostete. Mit voller Sicherheit ist das durch ein Kafiz repräsentierte Gewicht nicht mehr zu bestimmen; es können je nach der Grundlage der Berechnung 42 oder 46½ Kilogramm sein. Nehmen wir daraus das Mittel mit rund 44 Kilogramm, und das Gewicht von 3 Mithkal gleich 13,6 Gramm Silber, so kostete der Doppelzentner Getreide 30 Gramm Silber, d. h. bei einem Wertverhältnis von Gold zu Silber wie 15 : 1½ nach heutigem Gelde nominell 5,33 Mark. Nach den uns erhaltenen Nachrichten haben die sassanidischen Könige ein Sechstel bis die Hälfte vom Betrage der Ernte, je nach Qualität des Bodens und der Pflanzungen, als Grundsteuer genommen. Rechnen wir den Gesamtbetrag der Ernte gleich 6 Millionen Tonnen Getreide und den durchschnittlichen Steuerbetrag gleich einem Drittel, so gibt das ca. 2 Millionen Tonnen Getreide; nach altem sassanidischem Gewicht also 45 Millionen Kafiz und zum Preise von 3 Mithkal für das Kafiz 135 Millionen Mithkal. Nun haben wir eine Nachricht, daß unter Chosrus I. Vater, König Kobad[4], die Steuer des Sawâd 150 Millionen Mithkal betragen habe. Ebenso besitzen wir aus den ersten 300 Jahren des Kalifats eine Reihe von

Einnahmebudgets sowohl für das ganze Reich als auch speziell für den Sawâd. Die erste dieser Angaben teilt mit, daß der Ertrag des Sawâd unter Omar I. auf 84 Millionen Mithkal oder nach dem neuen arabischen Münzfuß 120 Millionen Dirhem veranschlagt worden ist. Wir wissen, daß in den letzten anderthalb Jahrzehnten der sassanidischen Monarchie unglückliche Kriege mit Byzanz, verheerende innere Kämpfe und eine furchtbare Überschwemmung des Euphrat und Tigris im Jahre 627 nach Christus sehr viel Schaden anrichteten und große Strecken Land außer Kultur brachten. Das Sinken der Einkünfte hat also nichts Wunderbares. Dazu kam weiter, daß die erste Zeit der Kalifenherrschaft für Babylonien zweifellos eine Mißregierung bedeutete. Unter Moawija 661-680, der die Regierung von Medina nach Damaskus verlegte, sank die Summe auf 100 Millionen, dann stieg sie wieder auf 135 Millionen und fiel unter den letzten Omaijaden auf 60-70 Millionen Dirhem jährlich. Unter den Abbasiden drückt sich in dem Wiederansteigen der Erträge des Sawâd zunächst die Folge der Verlegung des Regierungssitzes von Damaskus nach Bagdad aus. Harun al Raschid konnte Steuern im Betrage von 135 Millionen Dirhem erheben, ziemlich genau ein Viertel der Steuern des gesamten Kalifenreichs, das sich von Nordafrika bis gegen das innere Hochasien hin erstreckte! Wiederum wie in der altpersischen Zeit haben wir also das Bild, daß die Steuern Babyloniens unter dem Gesamtbetrag der Staatseinkünfte eine schlechthin überragende Stelle einnehmen. Nach Harun al Raschid geht es mit dem Sawâd reißend abwärts. Um die Mitte des neunten Jahrhunderts, mit dem Beginn des Sinkens der Kalifenmacht und dem Aufkommen der türkischen Prätorianer, fallen die Steuern des Sawâds auf weniger als 80 Millionen. Unter den bujidischen Emiren, die seit der Mitte des zehnten Jahrhunderts unter dem Kalifat herrschten, trieb man durch Steuerverpachtung und Konfiskationen die Einkünfte noch einmal bis auf beinahe 100 Millionen in die Höhe, aber ums Jahr 985 hören wir bereits, daß durch den Steuerdruck und die Soldateska das Land zu veröden begann und die Städte ein herabgekommenes ärmliches Aussehen annahmen. Allmählich sank die Macht der Regierung so tief, daß es nicht mehr gelang, das noch bebaute Land vor den Plünderungen der von Norden und Osten herandrängenden Nomaden zu schützen. Im dreizehnten Jahrhundert räumten dann die Mongolen vollends auf. Von da ungefähr datiert der heutige Zustand des Irak, daß die Bewässerungsanlagen, die Dämme, Kanäle und Schleusen, zum allergrößten Teil zerstört sind und nur noch Reste der früheren Volkszahl existieren.

Interessant ist es schließlich noch, aus den Steuerlisten für die ersten Jahrhunderte der arabischen Herrschaft das Ertragsverhältnis zwischen Babylonien und den nördlicheren Ländern, dem eigentlichen Mesopotamien, festzustellen. Unter Harun al Raschid zahlten: der Distrikt von Mossul 24 Millionen Dirhem; Nisibis, Sindschar, Harran und das obere Euphrattal 34

Millionen Dirhem; die Bergdistrikte am Oberlauf des Adhem und der Dijala 5 Millionen Dirhem. Das sind zusammen 63 Millionen Dirhem, *also beinahe genau soviel, wie zur selben Zeit ganz Ägypten bezahlte!* Der allergrößte Teil der drei vorhin genannten Steuerbezirke ist aber heute sogenannte Steppe und in dieser wird nichts produziert, als etwas Schafwolle. Im Altertum und zur Kalifenzeit muß eine Bevölkerung von Millionen von Ackerbauern dort gesessen haben. Als Omar den Sawâd eroberte, ergab die Zählung der zur Kopfsteuer verpflichteten Männer 550 000, d. h. Haushaltungen und Selbständige. Daraus ist eine Gesamtbevölkerung von mehreren Millionen, einschließlich der großen Städte, zu schließen. Babylonien und Mesopotamien zusammengenommen werden zur Zeit der arabischen Eroberung 5-6 Millionen Einwohner gehabt haben, gegen knapp anderthalb Millionen heute, wobei die Nomaden sogar mitgezählt sind.

Es würde uns an dieser Stelle zu weit führen, in noch genauere Untersuchungen über die früheren Verhältnisse des Landes einzutreten. Zur Verdeutlichung der Hoffnungen, die Willcocks und mit ihm noch viele andere Kenner der dortigen und ähnlicher Verhältnisse aussprechen, wird das Gesagte genügen. Vor allen Dingen aber wird der Leser einen Eindruck davon gewonnen haben, was im Laufe der Jahre die Türkei aus der Wiederherstellung des Irak erwarten darf. Allerdings nicht auf einmal und auch nicht allzu schnell. Auch die Kosten werden keine geringen sein. Die andere Frage ist die, woher die Menschen kommen sollen, um die gewonnenen Flächen zu besiedeln und zu bebauen. Als Willcocks vor zehn Jahren in Kairo dieses Problem berührte, antwortete er kurzweg: sie sollten aus Indien und aus Ägypten kommen. Die Denkschrift des türkischen Ministeriums der öffentlichen Arbeiten bemerkt an ihrem Schlusse, unmittelbar nach Wiedergabe des Willcocksschen Projektes, daß dessen vorläufiger Umfang sich ja »nur« auf ca. 13 000 Quadratkilometer belaufe. Das Programm umfasse nicht alles, was in Mesopotamien geschehen könne, sondern nur diejenigen Arbeiten, »die im Laufe von sieben bis acht Jahren in dem Gebiet zwischen Bagdad und dem Persischen Golf zu vollenden und ohne Sorge um die Besiedelungsfrage in direkte Verwertung zu nehmen seien.« Zu gelegener Zeit müsse ein Gesamtprojekt für ganz Mesopotamien verwirklicht werden, aber abgesehen von der Kostenfrage sei es klar, »daß die betreffenden Arbeiten solange keine Berechtigung hätten, wie die Türkei diese großen Gebiete nicht kolonisieren könne, *und an diese Frage könne man nicht eher denken, als bis es gelungen sein würde, die Kapitulationen abzuschaffen.*« Das heißt also, daß nach der Meinung der Denkschrift Arbeiten im großen Stil erst unternommen werden können, wenn die von auswärts heranzuziehenden Kolonisten ohne weiteres türkische Untertanen und damit der türkischen Rechtsprechung unterworfen sein würden. Diese Ausführungen klingen vom türkischen Standpunkte aus nur plausibel, aber dann ist es seltsam, daß die Denkschrift sich so gibt, als ob ca. 15 000 Quadratkilometer zwischen Bagdad und dem Persischen Golf in Kultur genommen werden könnten, ohne daß man Ansiedler von außerhalb heranzieht. Schon bei dem gegenwärtig in der Ausführung begriffenen Projekt in der Koniaebene, das nur 400 bis höchstens 500 Quadratkilometer umfaßt, bildet die Frage, woher die Ansiedler kommen sollen, um dieses neue Land ohne zu große Verzögerung in Bearbeitung zu nehmen, einen Gegenstand der Sorge für die beteiligten Stellen, und dasselbe ist bei dem großen cilicischen Projekt der Fall. Wie soll es da bei einem Areal, das dreißigmal größer ist, als die Irrigationsfläche bei Tschumra, ohne Heranziehung auswärtiger Elemente für die Besiedelung abgehen? Wenn also die amtliche türkische Denkschrift so tut, als ob für bloße 13 000 Quadratkilometer die Besiedelungsfrage noch keine Rolle spiele, so befindet sie sich entweder in einer schwer begreiflichen Unklarheit über die Sachlage, oder sie erkennt die Situation zwar, wünscht sie aber zu verschleiern. Sollte das letztere der Fall sein, so könnte man es schwer anders verstehen, als daß den englischen Interessen Vorschub geleistet werden soll. Willcocks ist Engländer und das türkische Ministerium der öffentlichen Arbeiten ist seit dem Beginn der neuen Ära in der Türkei von zwei anglophilen Armeniern verwaltet worden. Man braucht natürlich nicht zu glauben, daß diese Kreise tatsächlich eine indisch-ägyptische Einwanderung nach dem Irak ins Werk setzen wollen, aber man wünscht Willcocks und mit ihm ganz allgemein die Betätigung englischer Persönlichkeiten und englischen Kapitals. Weiter reicht die Überlegung im Augenblick wahrscheinlich nicht. Es ist aber klar, daß es nutzlos sein wird, 150 oder 600 Millionen Mark in die Wiederherstellung des Kanalsystems zu stecken, und das Land samt den neuen Kanälen und Dämmen dann ohne Bebauer liegen zu lassen. Durch innere Kolonisation kann die Türkei nicht genügend Ansiedler für das Irak bekommen, und die Heranziehung der mohammedanischen Auswanderer aus Bosnien, Bulgarien, Kreta, dem Kaukasus usw. kann auch nicht in solchem Maße geschehen, daß damit geholfen wäre. Außerdem würden es die Leute von dort im Irak klimatisch gar nicht aushalten. Es bleibt also wirklich nichts anderes übrig, als Einwanderung von Mohammedanern aus anderen ähnlich gearteten Ländern. Diese müssen dann aber türkische Untertanen werden, und solange die gegenwärtigen Kapitulationen zwischen den europäischen Mächten und der Türkei gelten, könnte das gerade für indische Mohammedaner nicht geschehen. Die Ägypter sind formell ja türkische Staatsangehörige; in Wirklichkeit würden Einwanderer von dort gleichfalls der englischen Politik als Instrumente zur Ausbreitung des englischen Interessengebiets dienen müssen. Wie die Dinge in der Türkei heute liegen, wird es aber schwerlich lange dauern, bis die jungtürkische Regierung die Abschaffung der Kapitulationen energischer aufs Tapet bringt. Da von unserer Seite, wie eingangs ausgeführt, an keinerlei Kolonisation in

Kleinasien, Mesopotamien, Babylonien oder sonst irgendwo innerhalb des türkischen Reichs gedacht wird, so brauchten wir in dieser Beziehung einer Neuordnung der Kapitulationsfrage keinen Widerstand entgegenzusetzen. Wir werden auf keinen Fall in die Lage kommen, Kolonisten in die Türkei ziehen zu lassen, denen es auf die Staatsangehörigkeit ankommt. Andererseits kann die türkische Regierung die Abschaffung der Kapitulationen auch nicht eher beantragen, als bis sie imstande ist, genügende Garantien für die Unparteilichkeit ihrer Verwaltungs- und Gerichtsbehörden gegenüber Ausländern, zumal Nichtmohammedanern, zu geben.

Diese Erörterungen haben uns aber schon etwas über unser eigentliches Thema hinausgeführt. Vielleicht sind sie trotzdem nicht ganz überflüssig gewesen, denn sie zeigen, wie umfassend der Kreis der Probleme ist, die mit dem Thema von der Bagdadbahn zusammenhängen. Auf der anderen Seite mußten natürlich im einzelnen viele an sich interessante und wichtige Details unberücksichtigt bleiben oder konnten nur flüchtig gestreift werden. Namentlich aber habe ich es bedauert, so wenig von meinen persönlichen Eindrücken, Beobachtungen und Erlebnissen in jenen alten Ländern zwischen dem hohen Iran und dem Mittelmeer hier mit hineinnehmen zu können. Sind sie es doch gewesen, die überhaupt in mir das Bedürfnis nach einer besonderen Darstellung der Bagdadbahnfrage hervorgerufen haben!

Fußnoten

[1] »Deutschland unter den Weltvölkern«. 3. Auflage, 1911. Verlag der Hilfe, Berlin-Schöneberg.

[2] Ich habe die interessante Publikation in einem Aufsatz in den Preußischen Jahrbüchern, Dezemberheft 1910, besprochen. Wir werden sie noch mehrfach im Laufe dieser Arbeit zu erwähnen haben.

[3] Hermann Wagner »Die Überschätzung der Anbaufläche Babyloniens«. Nachrichten der Göttinger Gesellschaft der Wissenschaften 1902, Heft 2.

[4] Die Notiz, daß unter Kobads Sohn Chosru die Steuer bis auf 287 Millionen gestiegen sei, muß seit Wagners Untersuchungen in der Tat als bloße »legendenhafte mündliche Überlieferung« angesehen werden. Dagegen zeigt die oben angestellte Rechnung, die auf 135 Millionen führt, daß 150 Millionen eine annehmbare Zahl ist.

Karte

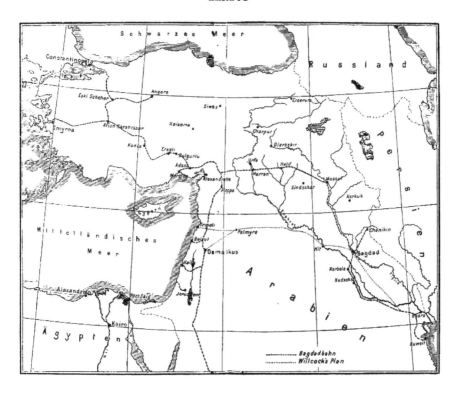

Lightning Source UK Ltd.
Milton Keynes UK
UKHW010947281222
414514UK00004B/140